超[illegible]快

毛バリをパッと打って、
ガッと合わせれば釣れる

レベルライン
テンカラ

石垣尚男

つり人社

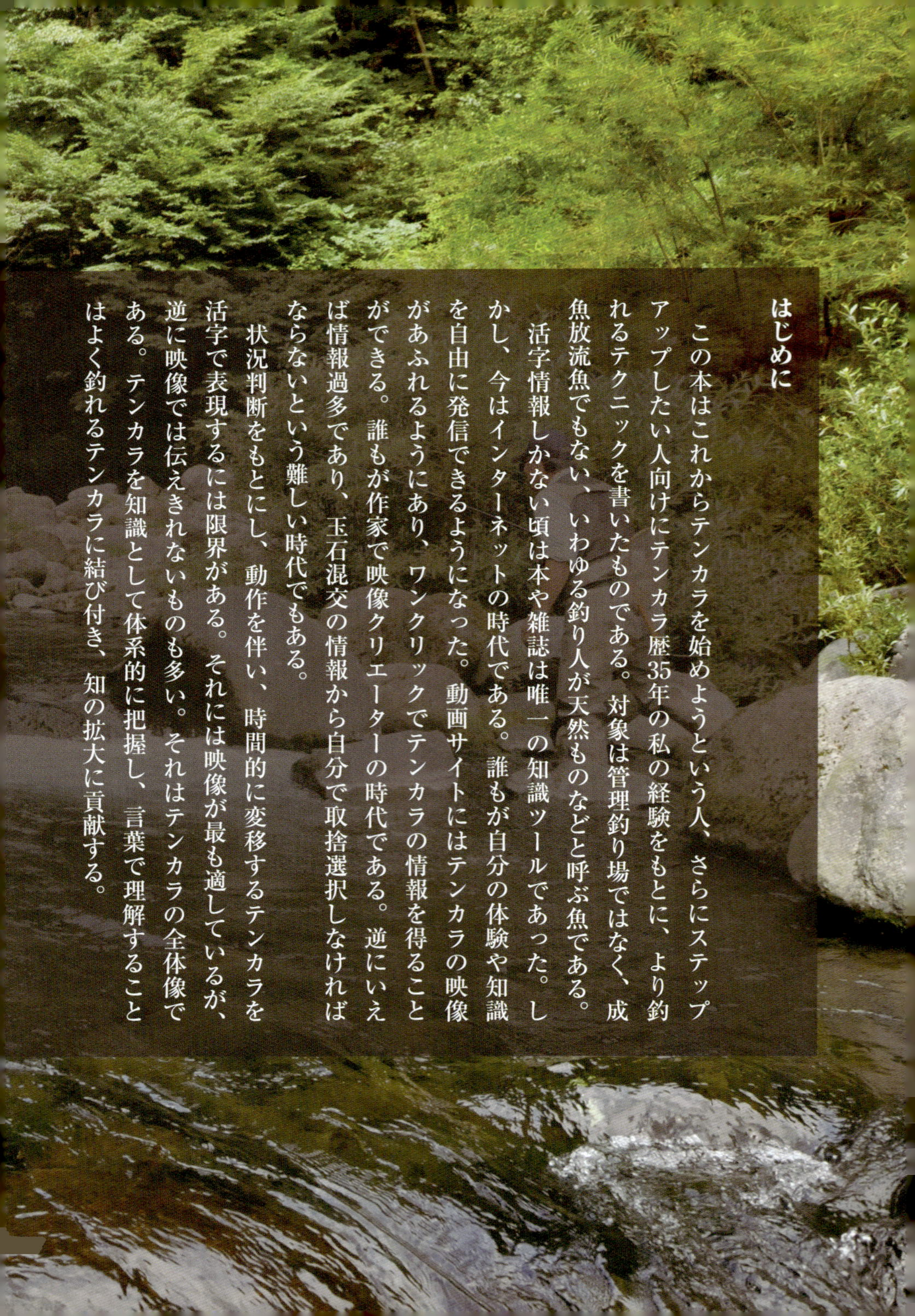

はじめに

この本はこれからテンカラを始めようという人、さらにステップアップしたい人向けにテンカラ歴35年の私の経験をもとに、より釣れるテクニックを書いたものである。対象は管理釣り場ではなく、成魚放流魚でもない、いわゆる釣り人が天然ものなどと呼ぶ魚である。

活字情報しかない頃は本や雑誌は唯一の知識ツールであった。しかし、今はインターネットの時代である。誰もが自分の体験や知識を自由に発信できるようになった。動画サイトにはテンカラの映像があふれるようにあり、ワンクリックでテンカラの情報を得ることができる。誰もが作家で映像クリエーターの時代である。逆にいえば情報過多であり、玉石混交の情報から自分で取捨選択しなければならないという難しい時代でもある。

状況判断をもとにし、動作を伴い、時間的に変移するテンカラを活字で表現するには限界がある。それには映像が最も適しているが、逆に映像では伝えきれないものも多い。それはテンカラの全体像である。テンカラを知識として体系的に把握し、言葉で理解することはよく釣れるテンカラに結び付き、知の拡大に貢献する。

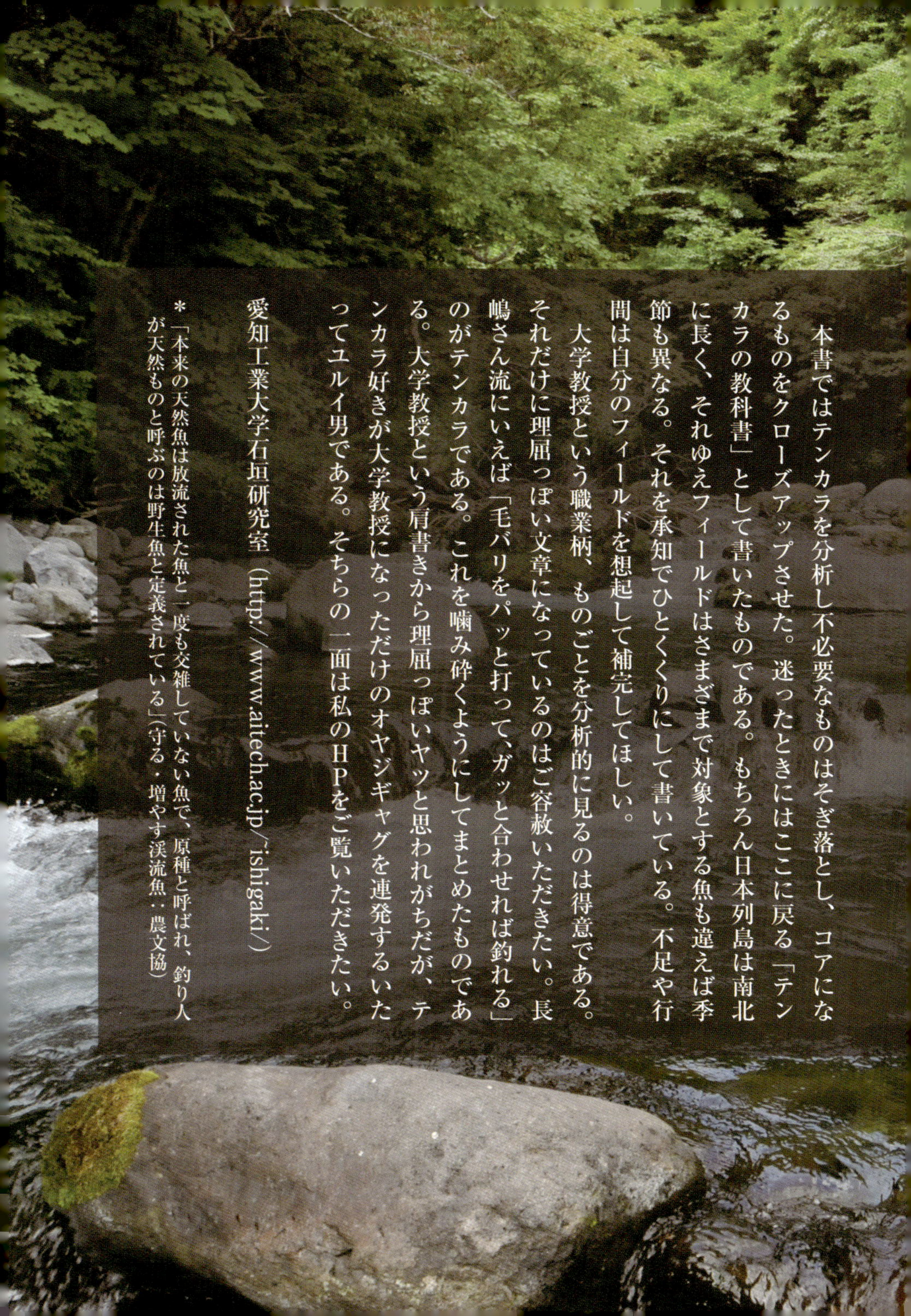

本書ではテンカラを分析し不必要なものはそぎ落とし、コアになるものをクローズアップさせた。迷ったときにはここに戻る「テンカラの教科書」として書いたものである。もちろん日本列島は南北に長く、それゆえフィールドはさまざまで対象とする魚も違えば季節も異なる。それを承知でひとくくりにして書いている。不足や行間は自分のフィールドを想起して補完してほしい。

大学教授という職業柄、ものごとを分析的に見るのは得意である。それだけに理屈っぽい文章になっているのはご容赦いただきたい。長嶋さん流にいえば「毛バリをパッと打って、ガッと合わせれば釣れる」のがテンカラである。これを噛み砕くようにしてまとめたものである。大学教授という肩書きから理屈っぽいヤツと思われがちだが、テンカラ好きが大学教授になっただけのオヤジギャグを連発するいたってユルイ男である。そちらの一面は私のＨＰをご覧いただきたい。

愛知工業大学石垣研究室（http://www.aitech.ac.jp/ishigaki/）

＊「本来の天然魚は放流された魚と一度も交雑していない魚で、原種と呼ばれ、釣り人が天然ものと呼ぶのは野生魚と定義されている」（守る・増やす渓流魚：農文協）

目次

CONTENTS

2章 道具と仕掛け 43

3章 キャスティングをマスターしよう 53

4章 毛バリの真実 65

5章 基礎編 テンカラの基本 77

6章　応用編

Tenkara Column

装丁・日創
イラスト　廣田雅之

1章

Q&A16 テンカラのアウトラインを知る

シンプルさが特徴のテンカラだが、
そのわりに全体像があいまいだったり、誤解されている部分も多い。
本項では気持ちよくこの釣りをスタートできるように、
テンカラについてよく寄せられるギモンや思い込みについて
１つずつ取り上げ、解説していこう。

Question

1

テンカラっていつからあるのですか

A

渓流に生息するヤマメやアマゴ、イワナなどの渓流魚を1本の毛バリで釣る釣法をテンカラという。テンカラは日本に古くからあった釣りで、毛バリ釣り（テンカラ）のもっとも古い記録は明治11年、当時の英国公使パークスが立山登山したときに随行した書記アーネスト・サトーの『立山登山日記』とされている。もっと以前からあったのは間違いないが記録が残っていない。

イワナ釣りのもっとも古い記録は1694年（元禄7年）の加賀藩奥山廻役・宗兵衛記録であるという『釣り文化5号』。これは黒部川でイワナ釣りをしていた5人組を見つけ、小屋を壊した上で釈放したというものであるが、毛バリ釣りだったという記述はないようである。黒部川に入れるのは夏の時期だけであり、小屋掛けしていたのはおそらく職漁師であったと思われる。無尽蔵のイワナをエサで釣るのは効率的ではなく、おそらくこれが毛バリ釣りであったことは充分推測できるが確定できない。

このことからみて、毛バリ釣りは少なくとも江戸時代にはあり、あるいはさらに古くから行なわれていたのではないかと思われる。毛バリ釣りは山間に暮らす人々にとって、たんぱく源確保のための職業漁師の釣りであり、そのため先祖伝来の奥義、秘伝の釣りなどというイメージもあった。しかし本来その仕掛け、釣法はシンプルであり、現在ではタックルの進化により誰でもできるスポーツ性、ゲーム性の高い釣りとなっている。

写真左頁＝シンプルで誰でもできるスポーティーな
毛バリ釣り、それが現代のテンカラだ

Question

2

「テンカラ」の語源は

A

日本各地に毛バリ、毛づり、ハシラカシ、トバシ、タタキ、タイコ釣り、テンカラなどの呼び名で渓流の毛バリ釣りがあったが、現在ではテンカラがほぼ全国的になっている。これは昭和40年に出版された『渓流のつり』(つり人社)の中で、木曽福島の杉本医師が木曽地方の呼称であった「テンカラ」を紹介した。その杉本医師を訪ねた山本素石氏が多くの著書をとおしてテンカラとして紹介し、やがて全国に広まったためである。

なぜ毛バリ釣りをテンカラと呼ぶのか、さまざまな推測があり確定したものはない。エサが天（空）から落ちてくるから「天から」とか、あるいはジョークとしては十人十色の釣りだからテンカラー、てんから（はなから）釣れないのでテンカラなどが代表的である。

私はテンカラ転化説ではないかと考えている。これは江戸時代、金沢（当時の加賀藩）では武士の間で釣りが奨励されており、アユを釣る方法としてテンカラ（テンガラとも）と呼ばれる引っ掛け釣りと、毛バリ釣りが並行して行なわれていた。

引っ掛けのテンカラは明治、大正、昭和の初期まで行なわれていたが、その間に、いつの頃からか毛バリ釣りのことをテンカラと呼ぶようにすり換わっていったという説である。すり換わりは江戸時代に遡るほど昔のことではなく、昭和初期の頃ではないかと思われる。おそらく昭和の初め頃に毛バリ釣りのことをテンカラと呼ぶようになったが、当初はアユ、ハヤ、オイカワなども含めた毛バリ釣り全般がテンカラであったと思われる。それが次第に渓流の毛バリ釣りだけをテンカラと呼ぶようになり、定着したと考えられる。

テンカラの語源には諸説ある。毛バリ釣りとしての呼び方も地域によって違っていた

Question

3 テンカラの面白いところは

A

もともとは職漁師の釣りであったテンカラも、今はゲーム性の高い釣りとして愛好者が増えている。渓流を遡行するテンポのよさと、魚が毛バリに出る瞬間を見て掛けるという他の釣りでは類を見ない点が特徴であり、さらに元来が職漁師の釣りなので効率的で、より攻撃的な釣りでもある。毛バリは通常1種類で、フライフィッシングのように毛バリを頻繁に交換することはない。また仕掛けの長さが一定のため、ポイントに正確にすばやく振り込むことができる。食い気のある魚だけを釣るため、出る、出ないの見切りが早く、次々とポイントを変えていくスピード感は魅力の一つである。

ヤマメ、アマゴ、イワナなどの渓流魚は警戒心が強く人影や足音に敏感で、石の下の隠れ場（エゴ）に入っていたり、流れのなかで身を潜められる場所にいてなかなか姿を見せない。その警戒心の強い魚がバシャッと水面を割る瞬間は、初心者なら間違いなくドキッとして心臓ドキドキ、息ハーハーである。驚いてアワセができない人もいる。警戒心の強い、見えないはずの魚が一瞬姿を見せるだけで興奮するのである。テンカラはたとえ掛からなくてもその瞬間を見ただけで充分満足できる釣りである。

テンカラならではのテンポのよさと、出る瞬間を見て掛けるというスリルからテンカラを始めた人の多くが「テンカラは面白い」と言う。私は、テンカラで釣った1尾はエサの10尾に相当すると思っている。これはテンカラで釣った1尾はエサで釣った10尾に相当するくらい面白いという意味である。テンカラを釣果を求める釣りとしてではなく、魚とのかけ引きを楽しんだり、「少なく釣ってたくさん楽しむ」ゲーム性の高い釣りと感じているファンが増えている。

テンカラは食い気のある元気な渓流魚を相手にテンポのよい釣りを楽しめる

Question

4 ターゲットのヤマメ（アマゴ）やイワナはどんな魚

A

テンカラのターゲットはヤマメ、アマゴ、イワナである。

これらは日本固有の渓流魚である。ところによってはニジマスも対象になる。ヤマメ（山女魚、山女）、アマゴ（雨子、雨魚）ともサケ科の淡水魚で、アマゴとヤマメは亜種の関係である。ヤマメとアマゴの違いは、アマゴには体側にかけて朱点があることにより区別する。ヤマメ・アマゴとも体側に斑紋模様（パーマーク）があり、成長とともに次第に薄くなる。

ヤマメの本来の分布域は神奈川県酒匂川以北の太平洋側と日本海側全域、九州の一部で、アマゴは酒匂川以西の太平洋側、瀬戸内海にそそぐ川、九州の一部であったが放流により分布が乱れている。主としてヤマメ域にアマゴが放流されたことにより、中部地方では日本海側に流れる川にもアマゴが生息している。ヤマメが降海して河川遡上したのがサクラマスであり、アマゴが降海して遡上したのがサツキマスであるがいずれもテンカラのターゲットではない。

イワナはサケ科イワナ属の渓流魚で、近縁種のオショロコマを含めてイワナ類とされている。生息する地域、河川によって形態が少しずつ異なる地域変異があり、アメマス（エゾイワナ）、ニッコウイワナ、ヤマトイワナ、ゴギの4つの亜種がある。

ヤマメ・アマゴとイワナは水温によって生息域を分けており、水温の低い上流域がイワナであるが両者の混生域もある。また産卵期もヤマメ・アマゴのほうが早くイワナが遅いことにより交雑はないが、稀《まれ》に交雑種が生まれることもある。

ヤマメ・アマゴの寿命は基本的には2〜3年で、その多くは一度の産卵で死ぬ。渓流域では尺もの（30㎝）を超えれば大ものとされ、目標の一つである。ダム湖などではさらに大型に成長し50㎝を超えるものもいる。イワナの寿命は6年程度とされ、この間に数回の産卵を繰り返す。渓流でも大型に成長し、テンカラで40㎝クラスが釣れるのは珍しくない。北海道ではイワナは降海と遡上を繰り返しており、アメマスは最大で80㎝にもなる。私はテンカラで62・5㎝のアメマスを釣ったことがある。

テンカラ釣りのおもなターゲット

アマゴ	ヤマメ
イワナ	ニジマス

Question

5 ヤマメ・アマゴとイワナの特徴と釣り

A

ヤマメ・アマゴの体型が扁平であるのに対し、イワナは寸胴で丸い体型をしており、胸ビレを使って陸上を移動することもできる。また、ヤマメ・アマゴの目はイワナに比べて頭の横側についていて広い範囲を見るのに都合がよい。イワナの目は頭の上部寄りにあり、上から落ちるエサをとるのに適している。

扁平な体型のヤマメ・アマゴは遊泳力があり、テリトリーも広く遠方のエサも積極的に追う。テンカラでも毛バリへの反応は敏捷《びんしょう》だが、スレた個体は一度毛バリを触って掛け損ねると少なくともその日はほぼ出て来ない。

丸い体型のイワナは遊泳力がなく捕食範囲は狭い。イワナは岩につく魚「岩魚」と書くように岩の下などに潜み、上から落ちてくるエサをとり、積極的にテリトリーを越えてエサを追うことは少ない。毛バリに触っても何度でも出ることがあり、ヤマメ・アマゴに比較して鈍重の感は否めない。このため混生域では、瀬にはヤマメ・アマゴが、川岸の石の下や際ではイワナのように棲み分けることが多い。このような両者の行動パターンを知ってねらうと、テンカラでも目的の魚を釣ることができる。また、釣り人も敏捷なヤマメ・アマゴとの駆け引きを好む人と、イワナの釣りやすさを好む人に分かれる。

地方によって異なるので一概にはいえないが、4～5月のテンカラの盛期はヤマメ・アマゴが主となる。夏になると「夏ヤマメ一里一尾」のたとえのように、ヤマメ・アマゴは朝夕のいっときしか釣りにならずイワナがメインとなる。

スレていない源流域のイワナは簡単に釣ることができる。イワナの職漁師は「イワナは畑の大根を抜くようなものだ」という言葉を残している。テンカラの入門者はイワナを対象にするとよいであろう。ただし連日人の入る渓流ではイワナの反応も神経質になり、ヤマメやアマゴのような反応をすることがある。

写真左上＝遊泳力の強いヤマメ・アマゴは「波を釣る」ともいう
写真左下＝イワナは名前のとおり「岩」を釣るのが原則

Question

6

テンカラの毛バリは何を模したもの？フライとの違いは

A

テンカラの毛バリは特定の虫を模したものではない。ハックル（Hackle）と胴だけというシンプルなつくりであり、なんとなく虫らしければいいと考える。フライフィシングではハッチ（＝羽化）する途中の水生昆虫、羽化した昆虫、あるいは落下した陸生昆虫など渓流魚の食性に合わせてサイズ、形、色を変えたさまざまなフライ（毛バリ）を用意し、捕食しているエサにマッチしたフライを使う。

しかしテンカラにはフライフィッシングのようなマッチ・ザ・ハッチ（羽化中の虫に合わせたフライを使う）という考えはない。この理由として、日本の渓流は瀬、落ち込み、淵の連続であり、エサがゆっくり流れるところは少ない。このような流れではエサをセレクトしていたらテリトリーからアッという間に流れてしまうため、魚はなんとなく虫らしければ形、色に関係なくくわえ、違えば吐き出すという行動をとる。テンカラではこのような渓流魚の習性に合わせて、なんとなく虫らしく見えればよしとし、ハックルと胴だけのシンプルな毛バリを用いる。

しかし、ゆっくりエサが流れるフラットな流れに定位する魚は、流下する毛バリが捕食しているエサと同じか、特にサイズ的に同じかどうかで食う・食わないを決めるようだ。フライの発祥はイギリスを中心とするヨーロッパであり、そこを流れる川は日本の渓流と異なりゆっくり流れる。フライフィッシングはそこでの魚の習性を研究し発展してきたものである。捕食しているエサにマッチしたフライを無数のパターンの中から選び、それが合致して魚がくわえたときに最高の喜びを見出す釣りである。このため同じ毛バリ釣りであっても、テンカラとフライでは毛バリに対する考えは大きく違っている。

ハックルと胴だけのシンプルな作り。
テンカラ毛バリは１種類で
万能的な威力を発揮する

フライフィッシングで用いる毛バリ（＝フライ）
は、カゲロウなど水生昆虫の種類や状態に
合わせて無数に近い種類がある

Question

7

テンカラは特殊なラインを使うと聞きましたが

A

通常、テンカラではオモリを使用しない。このため毛バリの振り込みはサオの反発力を最大限に利用する。ラインにはレベルライン、テーパーライン、フライライン、チタンラインを使う方法がある。これらのラインが出る以前は馬の尻尾を使った馬素《バス》や絹糸を撚って柿渋を塗ったものが使われていたが、現在では使用する人はほとんどいない。

レベルラインは単糸、つまりスプールから引き出したラインをそのまま使用したものである。レベルとは太さが均一という意味である。これに対して、テーパーラインは先端になるにしたがい細くなるテーパーがついたラインのことである。テーパーラインは通常、数本の細いラインを撚って先端になるにつれて本数を減らす方法で作る。このほかに細いフライラインをテンカラ用に短く切って使用する場合があるが、ラインが重いため初心者でも簡単に振れる反面、その重さで毛バリが手前に引かれてしまう欠点もあり、使用する人は少ない。

現在ではフロロカーボンを用いたレベルラインが主流である。失透蛍光色で視認性の高いテンカラ専用のレベルラインも発売されている。レベルラインの利点はスプールから引き出すだけで簡単に使えることである。このため渓流の規模に応じてラインの長さを変えることができる。また、3〜5号と太いので滅多に切れないことも利点である。さらにテーパーラインでは木の枝に掛かって引っ張った場合ラインがクシャクシャになるが、レベルラインではこれがないことも長所である。このほかに値段が安いことなど、レベルラインにはさまざまな利点があり、現在ではラインの主流になっている。

レベルラインはテーパーラインに比べて軽いため、テーパーラインを振るときのようなゆっくりしたラインスピードでは飛ばない。ラインスピードをつければ簡単に飛ばすことができるので入門からレベルラインを薦めたい。

テンカラのラインには各種あるが、本書ではフロロカーボン製のレベルラインを使用する

Question

8

渓流ザオではダメですか

A

渓流ザオも使えないことはないが、専用のテンカラザオを使用することを薦める。テンカラザオには毛バリの振り込み、アワセ、取り込みという3つの用途がある。渓流ザオは頻繁な振り込みに対応するように作られていない。正確なキャスティングで毛バリをピンスポットに打ち込むことができない。またサオ先だけが軟らかいため、テンカラではアワセをしてもサオ先が曲がるだけで肝心なフッキングが弱い。

テンカラ専用ザオは振り込み、アワセ、取り込みの3つの要素を満たすように作られている。特にテンカラでは1日に数百回以上の振り込みを行なうので、サオが合っていないと正確なキャスティングができずストレスになる。くわえてテンカラのアワセは思いのほか強い。魚の反転とサオのフッキングがピッタリ合うと1号のハリスもブチッと切れたり、ハリが伸びることもある。

取り込みも重要である。大ものを掛けた場合、魚を寄せられるかどうかは腰のあるサオでないと取り込むことは難しい。

テンカラ専用ザオはこれらの3要素を満たすように作られているのでぜひ専用ザオを使用してほしい。現在は3・6mの長さが標準的なテンカラザオである。これに毛バリまで5・0mの仕掛けを使用すれば、ほとんどの渓流域で通用する。

オモリのない仕掛けで頻繁に振り込みを繰り返すため、
サオはやはり専用に設計されたものを使うのが理にかなっている

Question

9

狭い川でも広い川でも釣りはできますか

A

サオとラインの長さを変えればどのようなフィールドでもテンカラは可能である。仕掛けがあれば、サオがあれば釣れるのに……、と指をくわえるほど残念なことはない。私はいわゆる提灯テンカラ（サオに対して極端にラインが短い）はしないが、源流から夏はアユ釣り場になる本流まで、どこでもテンカラを振る。これにはサオと仕掛けの長さを変えることで対応している。

源流域や小さい支流では、3・3mザオに毛バリまで同長の仕掛けを使う。渓流域では4・0mザオに毛バリまで5・5mの仕掛けで対応し、さらに毛バリまで7mの仕掛けも使う。本流域では4・5mザオと毛バリまで最長で9・5mの仕掛けで挑戦する。慣れてしまえばこの長さも楽に振れるし、本流の広い範囲が射程距離に入り、本流の大ものと出会えるチャンスが増える。このように4種類の長さの仕掛けを常備し、川の規模によって使い分けている。

源流や支流ほどポイントがはっきりしていて魚が出る場所が決まっているので釣りやすい。渓流の規模が大きくなるほどポイントがわかりにくくなるが、どのようなフィールドでも魚の付き場や習性は同じであり、規模が大きくなっただけと考えれば魚の付き場や毛バリに出るポイントは見つけやすい。

また、管理釣り場でもテンカラは可能である。むしろ管理釣り場ではテンカラは最強の釣りかもしれない。毛バリを一定のテンポでクイクイと動かすと、この動きに誘われ何尾もの魚がチェイスする。管理釣り場ではルアー、フライと競合することになるが、テンカラの毛バリの動きはルアーやフライと違うので見慣れない動きは魚の興味を誘うからである。ただし管理釣り場によってはテンカラ禁止のところがあるので注意が必要である。

写真左頁＝サオと仕掛けの長さを変えればどんな渓流フィールドにも対応可能

Question

10

「見える魚は釣れない」は本当ですか

A

見える魚にも2種類ある。完全に毛バリだけなくエサも捕食せずボーッとしている魚と、水面下30㎝から水面までを活発に動き回り、ときどき水面のエサを捕食する魚である。前者はどうすることもできない。あの手この手でもまったく反応しない魚の場合、魚にも何か事情があるのだろうとあきらめるしかなく、この手の魚は釣れない。

しかし後者はテンカラのもっとも面白いターゲットである。毛バリが食い筋を流れればまず反応する。ただ毛バリサイズが合わない場合には無視されることがある。その場合、サイズダウンするとくわえることがあるが、きわめて小さいエサを捕食している場合にはお手上げである。毛バリは上流に落として自然に流れる食い筋を流すのが一般的であるが、わざと魚の後方にポトッと落とすと振り向きざま捕食することがある。魚の広い視野に毛バリを落とし、反射的にくわえさせる方法である。

淵の深いところにいる魚が見えることがある。このような魚は水中深く流れるエサを食っていて水面に関心がない。このような場合、水面を流してもまったく反応しない。魚には毛バリが見えていないのかもしれない。そこで大きな毛バリを使用して水面をスイイッと引くと反応する場合も稀にある。反応がない場合は深い層に定位している魚は釣れないと考え、他のポイントをねらったほうが効率的である。

見える魚も釣れる実例

写真中央下の平たい沈み石
の上に魚が浮いて見える

毛バリに出て合わせた次の
瞬間、水面を割って激しい
ファイトを見せた

実際の流れと釣り人の位置関係はこんな感じ。撮影用に少し高い位置から小さな流れをそっとのぞき、魚を確認してから毛バリを振り込んでいる

毛バリをくわえたのは
良型のイワナだった

Question

11

毛バリは自作しないと釣れませんか

A

市販の毛バリでも問題なく釣れるが、テンカラの楽しみが増すので毛バリはぜひ自作してほしい。自作すれば自分だけのオリジナル毛バリを巻くこともできる。明日の釣りをあれこれ想像しながら毛バリを巻くのも楽しいし、そこからすでにテンカラが始まっているからだ。

自作の場合、毛バリを巻くバイスやボビンホルダー、ハックルプライヤーなどの毛バリ巻き道具が必要になるが、これらは5000円程度で揃えることができる。自作毛バリの場合、これらを揃えればあとはほとんどハリの値段で巻くことができ、経済的である。毛バリは木に掛けるなどで失うことの多い消耗品である。このため値段の高い市販毛バリを使っていてはお金の消耗も大きいし、高い毛バリを失うことを恐れては積極的なテンカラはできない。

市販毛バリは綺麗に巻かれていていかにも釣れるように思えるが、魚を釣るより人を釣る毛バリでもある。毛バリの巻き方は簡単である。毛バリが綺麗に巻かれているかは釣果と関係しない。雑に巻いた見栄えの悪い毛バリでも問題なく釣れるので、ぜひ自作毛バリで挑戦してほしい。自分の巻いた毛バリで釣れたときの喜びはテンカラの楽しさを倍加させるからである。

やってみると案外難しくない毛バリ作り。
そして一度でも自作した毛バリで魚を釣る
喜びを味わったら「面倒」などという言葉
は消えてしまうだろう

Question

12 毛バリの使い分け（サイズ、色、種類）は必要ですか

A

毛バリの使い分けは特殊な例を除いて必要としない。私の基本毛バリはフライフック・サイズでの12番のバーブレスフックに、黒い胴と茶色のハックルをパラリと巻いた「バーコードステルス毛バリ」である。ハックルがバーコードのようにパラッと巻いてあり、毛バリが見えないからこのように呼ぶ。シーズンを通してほぼこの毛バリを使用する。12番を中心に使用するのは魚の腹から出る虫がこのサイズであり、魚の常食サイズだからである。

胴をクリーム色や薄茶色で巻くこともあるが、同じ色で巻いていると飽きてしまうのであくまで気分転換のためであり、胴やハックルの色で釣果が変わるからではない。名手と呼ばれる人の多くは1種類の毛バリを使用し、シーズンによって替えることはない。毛バリの色や形を変えても釣果に関係しないことを経験的に知っているからである。

特殊な例として、連日多くの釣り人にねらわれスレている場合、小さい毛バリにサイズダウンすれば食うことがあるが、このような例は稀である。ライズしている魚が毛バリをセレクトすることもあるが、これは食っているエサと毛バリのサイズがマッチしていないためである。このような場合も小さくすると食うことがある。しかし私自身が使用するもっとも小さい毛バリは16番であり、これが限界である。さらに小さい毛バリでないと食わない魚はあきらめる。

逆にサイズアップしなければ食わないという経験は私にはない。たしかに夏のイワナは大きな毛バリを使ったほうがいい場合もあるが、せいぜい10番程度であり、それ以上の大きさは必要としない。ハリのサイズは同じであっても、ハックルを長くたくさん巻くことにより大きく見せることができる。逆に小さい毛バリがない場合には、ハックルを刈り込むことで小さく見せることができる。12番を標準として10番、14番程度を用意すれば充分である。

毛バリの使い分けは、特殊なシチュエーションを除いて必要ナシ！
そして、食わない魚は「あきらめる」のも快適に釣りを楽しむ選択肢の一つ

Question

13

毛バリは浮かせる？沈ませる？

A

テンカラの毛バリは浮かない。フライフィッシングのドライフライは浮かせるための毛バリであるが、そのためにテイルをつけたり、浮力剤を使用する。テイルもなく浮力剤も使わないテンカラの毛バリは数回流せば水を含み、自然に沈んでしまう。もし毛バリを浮かせるのであれば、何度も空振りをして水気を切れば一度くらいは浮かせて流すことができる。ラインで毛バリを吊り上げても無理やり浮かせることができるが、魚の反応はよくない。また、なかにはドライフライをテンカラで使う通称ドラテン（ドライフライテンカラ）の人もいるが数は少ない。

テンカラでは毛バリは流れなりに流すのが原則であり、そのほうが釣果が上がる。繰り返すが通常、毛バリは沈むのでその毛バリをあえて浮かせて釣るという考えはない。魚の反応は水面にぽっかり浮かんだ毛バリよりも水中に沈んだ毛バリのほうがよいからだ。これはおそらくほとんどが水中のエサを捕食しているからであろうし、天敵などを警戒して水面に出ることを避けるためでもあると思われる。

ラインとハリスの結び目が水面に出るか、出ないか程度にラインを保って流すと毛バリは水面下5～10㎝を流れる。このような流れ方に対して魚の反応はもっともよい。

毛バリは無理に浮かせず、流れなりに流すのが原則。
魚も危険を冒して水面に出てくるよりも流れのなかでエサをとるほうが楽である

Question

14

エサやルアーなど他の釣りにも負けませんか

A

釣果でいえばエサ釣りのほうがはるかに釣れる。もちろんテンカラの盛期では条件によってエサ釣りよりはるかに釣れることがあるので一概にはいえないが。数釣りではなく大もの釣りではエサやルアーのほうがはるかに勝る。オモリを使わないテンカラは、水中深くに縄張りをもつ超大ものを釣るようなタックルではないからだ。フライとテンカラでは手返しの速さからみてテンカラのほうが有利であるが、水面がフラットないわゆるプール状のフィールドではフライがはるかに有利である。

テンカラは渓流域においてテンポよく標準サイズの魚を釣っていく釣法であり、1ヵ所で粘って超大ものを釣るような方法ではない。毛バリに出る魚は活性の高い魚が多いため、他の釣りに比べて良型が揃う。

先行者の有無での有利不利では、先行者がバチャバチャ歩いて荒らしていったのでなければ、テンカラはエサ釣りがねらえないポイントも「点」で打てるのでエサ釣りの後でも釣りになる。フライの後でも、フライではキャスティングが難しい小さなスポットに落としたり、流すことができるので不都合はない。

しかし、ルアーの後ではまったく釣りにならない。ルアーのあのキラキラしたトリッキーな動きに幻惑された魚は狂乱状態になり、毛バリやエサでは反応しないような特異な行動をとる。一旦そのような状態になった後に毛バリを流してもまったく無反応である。刺激が少ないからであろう。先行者がルアーの場合、時間をたっぷり空けるか場所の変更を考えたほうがよい。

活性の高い標準サイズの魚をテンポよく釣っていく。
テンカラ釣りのこの特徴をよく把握して実践すれば渓流でベストの釣りを楽しめるだろう

Question

15

毛バリは誘うものですか

A

流れなりに流して出なかった後の引き出す手段が誘いである。まず自然に流し、それで出ない場合には誘いをかけるのがよいだろう。また、川幅の広い本流域でアマゴを対象とする場合には、リズムをつけて常に誘いをかけるという釣り方もある。誘いをかけ続けることで魚を毛バリに注目させるのは広い川では効果的である。

テンカラのフィールドはさまざまである。小さなピンスポットをねらいうちする場合もあれば、石の下のエゴに隠れている魚をねらって石すれすれに潜り込ませるように毛バリを流すこともある。そのような場所では誘いをかけることは毛バリがポイントから外れてしまうことになり、得策ではない。あくまで自然に流し、それでも出なかった場合の次の手として使うのがよい。

誘いをかけた場合、毛バリの動きは大きく派手になる。このため魚の目につきやすく、トリッキーな動きには反射的に動くので誘えば出る確率は高くなるが、出方が荒くなるのでフッキングの確率は低い。条件によっては誘わなければ出ないという日もある。そのような日は先行者がいるか、活性が低い日であることが多い。自然に流しても出ないが誘えば出るという、そのときの魚の反応を見極め、釣り方を選択することが大事である。

写真左頁＝さまざまなフィールドとポイントに幅広く対応するためには、毛バリはまず自然に流すことを基本と考える

Question

16

毛バリは何度も同じ場所に打つものですか

A

これもケース・バイ・ケースである。魚の活性、水深などによってサッと流すか何度も流すかは違ってくる。せいぜい膝くらいの浅い流れの場合、1回打てば魚は毛バリに気づいている。活性の高い日は食い筋に流れれば一発で出る。したがっていつも第1投目が勝負と考え、落とすところ、食い筋を考えてから毛バリを打つようにする。しかし出なかった場合、食い筋が違ったのかもしれない、あるいは魚のつき場が違うのかもしれないので、流れの筋をわずかに変えて3回程度流す。これで出なければいないか、食い気がないと判断してねらうポイントを変えるのが効率的である。

水深が深く、魚が毛バリに気づかないと思った場合にはさらに何度も流したり、横に引く、下流に止め流すなど誘いをかけることもある。しかし何度までと回数を決めているわけではない。出る!と予感すれば何度でもしつこく流す。すべては直感である。

ただしそれが稀に見る大ものでなければ粘らないほうがよい。テンカラは効率の釣りである。毛バリを交換しないのも効率である。その毛バリを見切って食わない魚がいても、その上流にはその毛バリで食う魚がいる。ポイントは無数にあるので見切りを早くして、次から次にポイントを変えたほうが効率的で、はるかに釣果が上がる。「効率」をキーワードにすれば、毛バリを流す回数や見切りの大切さもおのずと理解できよう。

写真左頁＝テンカラは「効率」の釣りでもある。
1ヶ所で粘るのはほどほどに、見切りが肝心

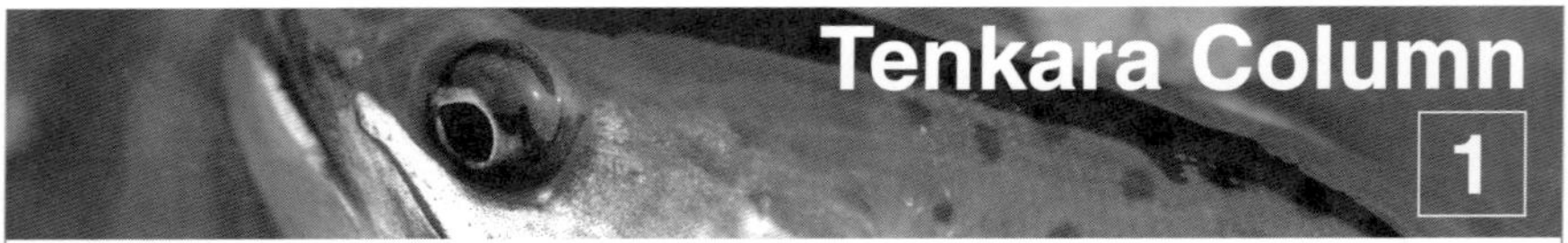

Tenkara Column 1

石徹白川のキャッチ&リリース（C&R）

釣りをしつつ同時に魚も増やす方法としてC&R区間の設定が注目され、現在、全国で50ヵ所くらいあるようである。魚を増やすだけなら禁漁区にすればいいが、そこで「釣りもしながら」となると、C&R区間にならざるを得ない。

これまで多くのC&R区間で釣りをしてきたが、成魚をドカドカ放流して釣らせる要するに単なる持ち帰り禁止の管理釣り場や、放流も監視もない名ばかりC&R区間もあって実態は一様ではない。私が知る限り、在来渓流魚を増やすという明確な目的があり、魚も増殖し、同時に釣り人も増えているのが岐阜県郡上市の石徹白川である。1999年から活動が始まった。最も力を注いだのが漁協の理解を得ることだ。釣った魚は食べてあたり前、食べてこそ成仏すると考える魚食民族からすれば、なぜ釣った魚を逃がすのか、さらに逃がすための魚を釣りに人が集まるのかという彼らの疑問は当然である。最初から漁協の理解が得られるはずもなく、釣り人を増やすためのイベント開催、マナー向上のためのゴミ拾いなどの地道な10年を経て、C&R区間には自然繁殖したアマゴやイワナがいつでもいてサオを曲げるようになった。

同様に自然繁殖で成功したC&R区間の一例として高知県中野川があるが、四国山脈の山中という地もあって集客に苦戦している。石徹白が成功したのは名古屋という大都市から高速で2時間という地の利があるからだろう。魚も増えたが、石徹白へ行けばいつでも魚と遊ぶことができるという安心感、信頼感が釣り人も増やしている。

せめて尾数制限を

C&R区間設置が浸透せず、また、一旦設置しても廃止になる大きな理由は釣った魚をなぜ逃がさなければならないのか、自分の家の前の魚をなぜ食べてはダメなのかという点にある。確かに私のように年50日もサオをだせるならともかく、年に数回の渓流釣りで釣った魚を囲んだ夕食は、お父さんの自慢の場でもあるのでリリースに抵抗があるのはよくわかる。

しかし、どこの河川でもC&R区間はほんのわずかで、99%は持ち帰り区間である。ないに等しい区間がC&Rになるだけなのに、釣った魚は持って帰って当然ではないか、それをリリースしろといわれる不快感が、たとえ短い区間であってもC&Rの理解が進まない理由である。

岐阜県水産試験場が行なった調査は興味深い。ある時の成魚放流したヤマメの釣果は平均で28・6尾であり、さらに満足できる尾数をアンケートしたところ22尾だったそうである。これはあくまで平均なので、とんでもない数を釣り、そうでなければ満足しない人もいることになる。また、成魚放流魚の残存率調査では当日中に6割が釣り切られ、2日目にはさらに減り、3日後にはほとんど釣り切られた。つまり、どれだけ魚をつぎ込んでも砂漠に水をそそぐようなもので、成魚を放流してもすべて釣り切られてしまい魚は残らないのがはっきりしているのである。

ハリに掛かったものはゴミ以外すべて持ち帰るという根こそぎの釣りや、無制限に釣れるだけ釣るのはもう終わりにしたいものだ。C&R区間がどこにでも出来ない以上、せめて尾数制限は設けたい（一部の河川では存在する）。尾数制限が浸透するには時間がかかるが、縛りがあるだけで良心的な釣り人は考えてくれると思うからだ。

2章 道具と仕掛け

テンカラ・イズ・シンプル。
それだけに道具はしっかりしたものを選びたい。
とはいえ難しいことは何もない。テンカラに適した専用のサオとライン、
そして快適かつ安全に釣りができるいくつかのグッズをそろえればＯＫ。
また、仕掛けは結びを１つ覚えるだけで作ることができる。

サオ

流れの規模で使う長さが決まる

●長さ

各社から発売されているテンカラザオの長さはおおむね3・3～4・5mである。渓流の規模によって使い分けるが、いわゆる渓流域では3・6m程度が標準である。源流域やヤブをかぶった支流などでは3・3mが適当であるが、どの長さがよいかは好みにもよる。

私はほとんどの場所でシマノ「本流テンカラ」を使用している。私がプロデュースしたこのサオは4・0mと4・5mのズーム仕様である。4・5mはテンカラザオとしては長い。通常、長いと太くなり風切り抵抗が大きくなる。そこで元ザオを3・6mと同じ太さにすることにより超細身の軽量設計にしてある。

優れたロッドバランスにより、フラットな流れや手前のポイントは4mで、流れの筋をまたいで流すときには4・5mで効率よくねらえる。また4・5mと4号レベルラインの使用により毛バリまで8mのロングラインも自在に振ることができる。さらに大ものを掛けた場合、4・5mにズームすることにより安心して取り込むことができるマルチなサオである。初心者には重く感じるかもしれない。その場合、グリップの前部を握れば重さを軽減することができる。

また、規模の小さい渓流では、「渓峰テンカラ」3・3mと3・6mを使用している。これにはそれぞれLLHとLLSがあるが、LLHはそれ以前の「翠渓」の調子を引き継いでおり、LLSはやや胴に乗る調子にしたものである。渓峰テンカラはバランスがよく強度もあり、また価格などからみて経験者に薦めたいサオである。

さらに2011年からはシマノから「天平テンカラ」3・3mと、3・6mが発売された。このサオはやや胴に乗る渓峰テンカラLLSの調子と強度はそのままに、入手価格で1万円前後にしたものである。サオとラインと毛バリを揃えても1万円あまりでテンカラができる価格帯は、これから始めようという入門者の1本として、あるいは経験者のサブロッドとして薦めたいサオである。

なお、テンカラザオの中には先端のリリアンが回転する仕様のものがあるが、私は必要ないと考える。

●調子

魚を掛けたときにどのように曲がるかというサオの曲がり方をいう。サオを10等分した場合、曲がりの支点までの割合で調子を表わす。サオ尻から7分のところで曲がれば7：3調子である。厳密に調べる場合にはオモリを掛けて行なうが店頭では不可能である。

さまざまな調子のテンカラザオがあるが7：3調子が最も汎用性が高い。シマノ渓峰や天平テンカラは7：3調子である。これに対し本流テンカラZEは4・0mでは7：3調子で、4・5mでは6：4調子というように長さによって2つの調子になる。これは4・0mの場合には比較的短い

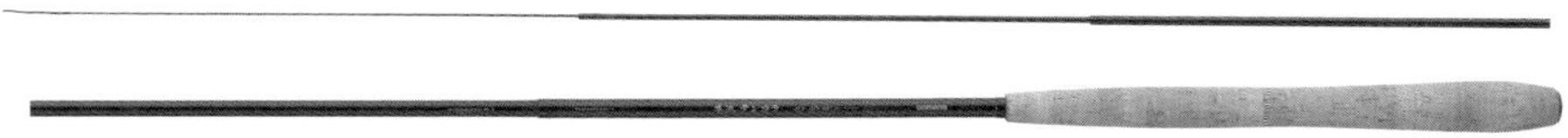

本流テンカラ

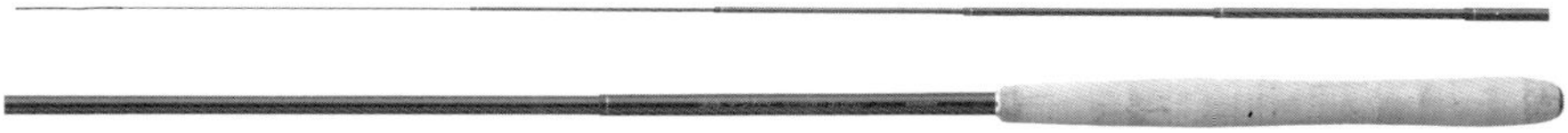

渓峰テンカラ

天平テンカラ

ラインの使用に適するように7：3調子にし、ロングラインを飛ばすには胴に乗るサオのパワーが必要なため6：4の胴調子というコンセプトのためである。

実際に釣具店でどのサオがよいか手にとってブルブルと振ってみるが、なかなかこれといって決め手がないのが実際である。テンカラザオの使命は次の3つである。

①振り込み　頻繁に振り込みを繰り返すテンカラザオでは振り込み時の調子をもっとも重視する。言葉で表現するのは難しいが、サオ先にスッと力が抜けるサオがよい。先調子で胴が硬いサオは、しなりが少ない分だけ力が必要になり疲れる。

②アワセ　確実なフッキングが肝心である。極端な胴調子のサオやサオ先だけ柔らかいサオはフッキングが弱く、アワセが利かず、そのため途中でバレることが多い。

③取り込み　軟調でヘナヘナのサオは取り込みのとき元ザオ付近から曲がってしまい、大きな魚だと寄らない。いわゆる腰のないサオである。取り込みに余力があるサ

オが必要である。

振り込み時の調子を最も重視して選択するのがよいだろう。軟調でヘナヘナなサオは振り込みやすいように感じるが、言い換えれば遊びが多いわけで、力の入れ具合の少しの違いで毛バリは前後左右へぶれ、正確なキャスティングができない。総合的にみてこれらを満たす汎用性の高い7：3調子のサオを選ぶのがよいだろう。7：3調子のサオはレベルラインでもテーパーラインにも対応できる。

●選んではいけないサオ

①胴ブレのするサオ　振った後、いつまでもサオの中間あたりの振動が止まらないサオである。これは全体の調子に対して胴の部分だけが軟調などの理由でサオのバランスが悪いためである。サオを止めたときに振動が胴から穂先にスッと抜けるサオがよい。

②接合部のフィッティングが悪いサオ
サオを伸ばしてサオ尻に目を当て、まっすぐかどうかを見てみよう。廉価品の中にはパーツによって伸ばしたときの接合部分が不良で一直線にならないサオがある。このようなサオは力の掛かり方が一様ではないので折れやすい。

③ペコペコするサオ　サオを指で挟んで押してみると、わずかだが廉価品の中にペコペコするサオがある。このようなサオはブランクに強度がなく薄く折れやすい。

④サオとラインとのミスマッチ　軟調で腰のないサオと重いラインの組み合わせはラインの重さでサオがブレてしまい、コントロールが利かない。さらにアワセでフッキングが弱い。逆に、たとえば源流用の9：1や8：2の先調子のエサザオでレベルラインを振るのもミスマッチである。レベルラインは軽いのでサオのしなりを活かさないと飛ばないからだ。レベルラインには7：3調子のサオがベストである。

サオの扱い

●サオの折損（穂先の扱い）

サオ先を折るトラブルはよく起きる。サオ先を1～2cm出してリリアンにラインを結ぼうとすると、細いサオ先に思わぬ力がかかりパキッと簡単に折れてしまう。サオ先は仕舞い、リリアンだけ出してラインを結ぶようにする。

●ブッシュに掛けたとき

毛バリを木の枝などに掛けてしまった場合、サオをあおって外そうとすると、外れた勢いでサオが石を叩くことがある。このときサオには小さなひび割れ（クラック）が出来てしまう。長い間にクラックは大きくなり、アワセをしたときなどに突然パキッと折れてしまう。石や岩を叩くなどの過去のトラブルは記憶にないので突然理由もなく折れたように思うが、原因は小さなトラブルの積み重ねにある。面倒でも一旦サオをたたみ、ラインを持って毛バリを外すようにする。

●サオの固着

サオを伸ばすときに無理に引き出した、木に掛かったときサオを直線的に引いてし

不注意でサオを折らないために……

◀毛バリなどを周囲の木に引っ掛けてしまったときは、面倒でもサオを一度たたみ、ラインを持って毛バリを外すようにすること

▼リリアンにイトを結ぶ時には、不注意でサオを折らないように、リリアンだけを出して行なうとよい

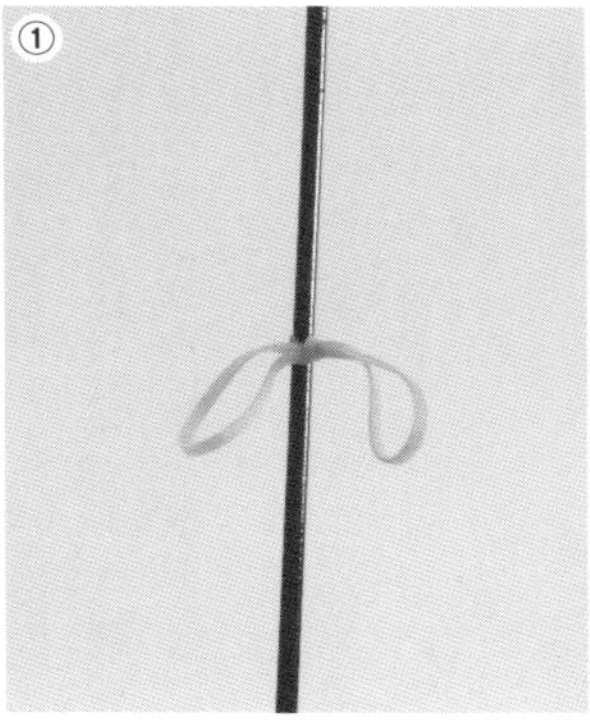

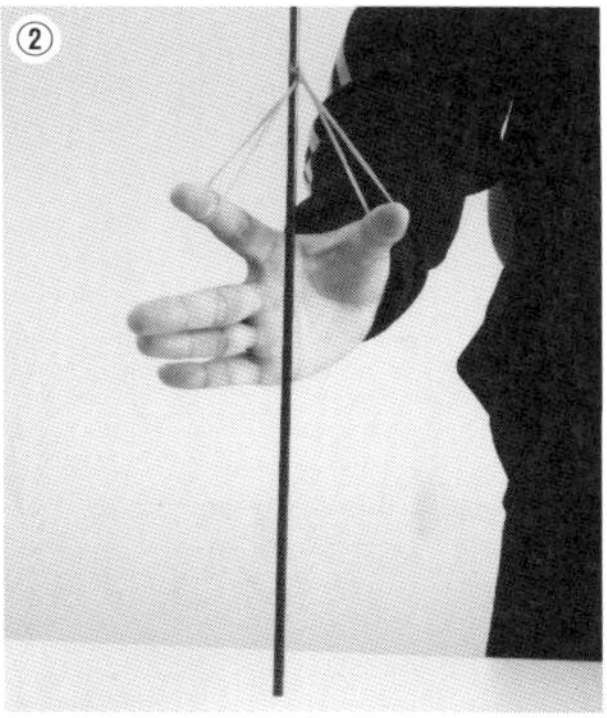

サオの固着を治す方法

※注意：下には平らな固い板などを使う。またまっすぐに落ちるようにする。何回か落とすうちに固着は外れる。

① 固着している下側のサオに輪ゴムを固く縛る。サオの太さでゴムの太さや本数は調整する

② 指をかけ、サオを引き上げゴムの力で勢いよく落とす

まった、雨水で滑りが悪くなった、砂を噛《か》んだなどが原因である。固着を防ぐにはサオは緩めに伸ばすこと、雨の日や途中で雨になった場合には特に緩くしておく。またサオを直線的に引かないこと、砂の上に置かないように注意する。

●固着を治す方法

いろいろな方法があるが、写真のように輪ゴムを使う方法が簡単である。必ず乾いた状態で行なうこと。

ライン

テンカラ専用レベルラインを

ラインにはレベルラインとテーパーラインがある。さらにフライラインやチタンラインもあるが、現在ではフロロカーボンのレベルラインが主流になっている。すでにテンカラ専用レベルラインも発売されている。私の薦めるレベルラインはサンスイオ

リジナル「テンカラレベルライン」である。失透蛍光レモンイエローで視認性がよく、ナイロンに近いしなやかさがある。3・0号、3・5号、4・0号、4・5号があるが、初心者には4・0号を薦める。このラインは東京・渋谷サンスイ川釣り館のオジナル商品のため遠方からの入手はインターネットや電話などの通販となる。

●東京渋谷サンスイ川釣り館
(☎03・3499・5025)
http://fishingtackle-sansui.com/item/14914-15.html

　レベルラインの「レベル」は、同じ太さという意味である。フロロカーボンとナイロンでは、フロロカーボンはナイロンの1・7倍重いためフロロが有利である。フロロ4号とナイロン7号はほぼ同じ重さであるが、フロロのほうが細い。同じ重さなら細いほうが空気抵抗や風の影響が少ないのでよく飛ぶ。さらに細いほうが巻きグセ(ヨレ)がつきにくいメリットがある。

右＝サンスイオリジナル「テンカラレベルライン」
左＝ハリスはフロロカーボンの0.8号を中心に使用

　そのほか、レベルラインには以下のメリットがある。

①値段が安い。たとえばサンスイオリジナル「テンカラレベルライン」は30mで1260円である(税込、2011年1月現在)。

②ラインが軽いので、ラインの重さで毛バリが手前に引かれるいわゆる「おつり」がない。このため流れをまたいだ対岸もノードラッグで流すことができる。

③滅多に切れないので30mあれば長い間使うことができる。

④長さの調節や継ぎ足しが自在。渓流の規模を見て長さを自在に変えることができる。

⑤ブッシュに掛かったとき、引っ張ってもクシャクシャにならない。テーパーラインの場合はクシャクシャになることが多い。

ハリス

メインは フロロカーボン0・8号

　私はほとんどフロロカーボンを使用している。フロロカーボンはナイロンに比べて直進性がよく、さらにベタつかないのが長所である。欠点として伸びが少ないため結節に弱いことがある。ナイロンに比較して数%弱いとされている。このため結びコブができていないかいつも確認し、ときどきハリスを引っ張って切れないかチェックが必要である。

　大ものをねらうときだけアワセ切れを考えてナイロンにすることもあるが、ほとんどフロロ0・8号で通している。毛バリの大きさでハリスの太さを変える必要があるが、フライフック・サイズの10番、12番、14番の毛バリには0・8号を使用している。さらに大きな6番、8番サイズの毛バリでは1・0~1・2号を使用する。大きな毛バリに細いハリスでは毛バリは飛ばないので、大きな毛バリを使うときにはハリスも太くする必要がある。

エサ釣りと違って毛バリがほとんど沈むことのないテンカラではハリスの太さは釣果に影響しない。初心者は1・0号を使用し、アワセ切れなどのトラブルを避けたほうがよいだろう。

釣行の際、身につけるグッズ

●偏光グラス

テンカラでは偏光グラスは必要である。水面下の魚を見やすいということもあるが、徒渉の際、水中の石などが見えることは安全面でも必要である。偏光グラスには各種カラーがあり、それぞれメリットがあるが薄いグレー系はあらゆる天候やマヅメ時に万能である。メガネの人にはクリップ式のものがある。また度つき偏光グラスは朝夕マヅメには使いづらく、暗いときには危険でもあるのでお薦めできない。

キャップと偏光グラスはともに必需品。キャップは日差しや木の枝等から身を守り、つば部分は余計な光をカットしてくれる。さらに、偏光グラスは水面のギラツキを軽減してくれるので疲労感も少ない

●ベスト

テンカラ専用のベストはないので渓流用などを使用する。テンカラでは携帯するものが少ないため、ポケットがたくさんあるフライ用のものよりポケットの少ないタイプがよい。雨天のことを考え防水加工してあるもの、さらに暑いときには背あてを取り外しメッシュになるものがよい。

テンカラ向きの渓流ベスト。身に着けるものは多くないので、そのぶん吟味して目的に合った製品を選ぼう

●足まわり

ウエーダーにはシューズと一体になったブーツ（長靴）タイプと、ストッキングタイプのウエーダーにウエーディングシューズを履くタイプがある。それぞれ一長一短がある。一体式は着脱が便利であるが、いわゆる長靴なのでやや不安定である。

長時間の釣りや遡行を繰り返す釣りには、ストッキングタイプのほうがより向いている。ブーツタイプに比較して着脱は不便であるが、足がフィットするので運動靴感覚で使用できる。

値段は高いが、いずれもゴアテックスやエントラントなどの通気性（透湿性）のよいものを選びたい。いわゆるネオプレン製のアユタイツ式のものは保温性に優れており、冷え込む解禁当初の立ち込むことの多い釣りでは便利だが、遡行を繰り返すテンカラでは暑くムレるのでお薦めできない。

夏の暑いときにはスパッツにウエーディングシューズもお薦めである。沢登りが必要な源流遡行ではこの組み合わせでなければ不可能である。

シューズ（一体式では長靴部分）はおおげさにいえば命をかけるものである。接地面が広く、足底の石や岩が足裏で感じられるような底が柔らかなものがよい。フライフィッシング用で時折見られる、底が極端に固くつま先が曲がらないタイプのシュー

ズはグリップ力に難があり、日本の渓流に多い丸石の上では転倒などの危険があるため向いていない。

●キャップ

キャップ（帽子）は必須である。頭上の枝などによるケガを避ける、日焼けを防止する、雨が顔にかからない（とくにメガネには利点）、水面が見やすくなる、防寒などのさまざまな利点がある。防水キャップがお薦めである。

●レインギア

レインギア（雨具、合羽）も必携である。値段は高くなるがゴアテックスなどの通気性（透湿性）のよいものを選びたい。また袖から雨水が入らないように袖口をマジックテープなどで締められるものがよい。

●タモ

タモが必要かどうかは意見が分かれるが、私は次の理由で必携している。またヤブこぎや流れに落としてタモを失うことがあるのでエンドロープは必要である。

① 手で魚をつかむより確実に取り込め、特に大ものに対して安心感が違う。

② 魚の写真を撮るときに手でつかむより魚へのダメージが少ない。

③ タモを身体の前にセットし、仕掛けをタモに入れてセットすれば仕掛けを落とすことがない。

タモがあるとやはり安心感が違う。ウエーダーベルトに差し込みお尻側にセットしておくと釣りの邪魔にならない

●フォーセップ

ハリ外しである。これを使えば魚を直接触らずにリリースできるので魚へのダメージが少ない。また深く飲み込んだハリも簡単に外すことができるのでぜひ持っておこう。

テンカラ・イズ・シンプル！の仕掛け作り

シンプル・イズ・ベストは仕掛けにも当てはまる。テンカラでは毛バリやハリス交換が頻繁なので、シンプルなシステムや結び方にするのが効率的である。左頁のイラストを見ていただくとわかるとおり、リリアンとライン、ラインとハリス、ハリスと毛バリの結び方が同じなので、慣れてしまえば簡単に仕掛け交換ができる。各部接続の利点は次のとおり。

① 穂先（リリアン）にラインを結ぶ　チチワよりもシンプル。先端に輪を作る必要がない。

② ラインにハリスを結ぶ　結びコブが小さく空気抵抗がないので、ラインの飛びがスムーズである。ラインとハリスをそれぞれチチワにして結ぶ方法は時間がかかること、さらに空気抵抗が大きくなるのでこの方法を薦める。

③ ハリスと毛バリを結ぶ　ハリス交換が素早くできる。

初心者におすすめの レベルライン・テンカラタックル

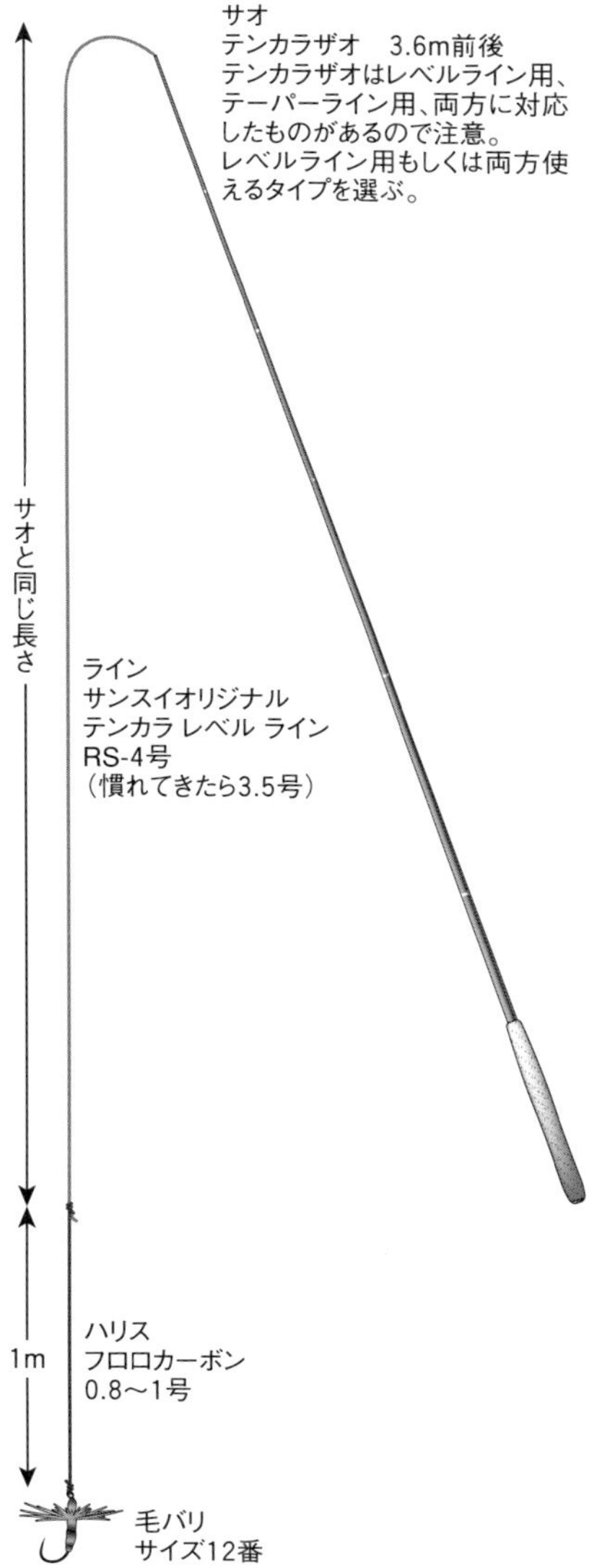
サオ
テンカラザオ　3.6m前後
テンカラザオはレベルライン用、テーパーライン用、両方に対応したものがあるので注意。
レベルライン用もしくは両方使えるタイプを選ぶ。
サオと同じ長さ
ライン
サンスイオリジナル
テンカラ レベル ライン
RS-4号
（慣れてきたら3.5号）
1m
ハリス
フロロカーボン
0.8～1号
毛バリ
サイズ12番

テンカラに使う結び

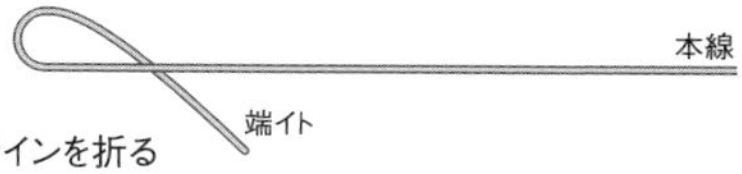
本線
端イト

①ラインを折る

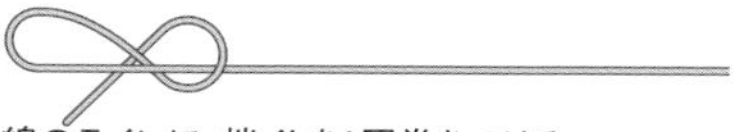

②本線のラインに、端イトを1回巻きつける

③同じように、もう1回巻きつける

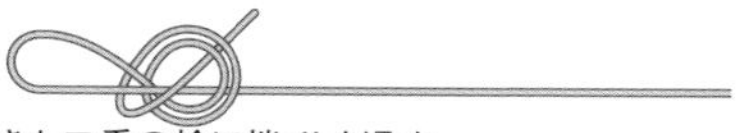

④できた二重の輪に端イトを通す

⑤大きな輪を引き締める

(1)
(2)
(3)
カット!

⑥毛バリを結ぶ場合は、ハリスに毛バリを通してから結び、輪を引き締めればOK

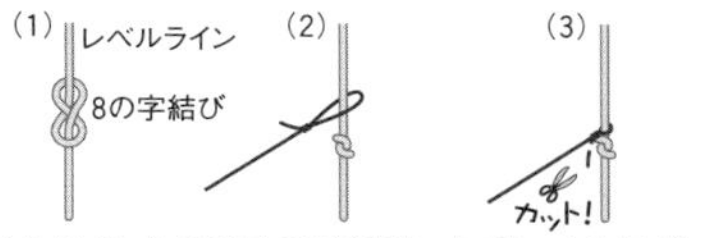
(1)
レベルライン
8の字結び
(2)
(3)
カット!

⑦レベルラインとハリスの接続は、まずレベルラインに8の字結びでコブを作る。ハリスには上記の結びで輪を作り、そこにレベルラインの端イトを通してから輪を引き締める

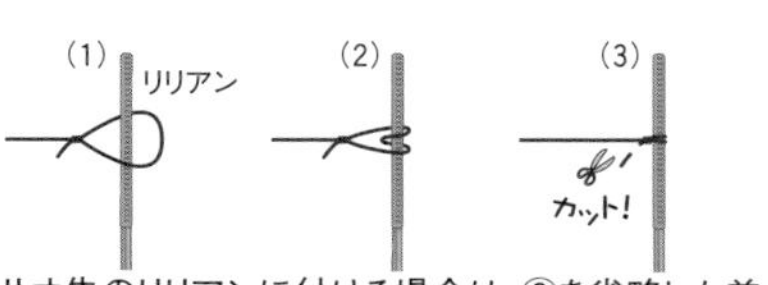
(1)
リリアン
(2)
(3)
カット!

⑧サオ先のリリアンに付ける場合は、③を省略した普通の投げ縄結びでOK。ただしリリアンを2回通して締めること

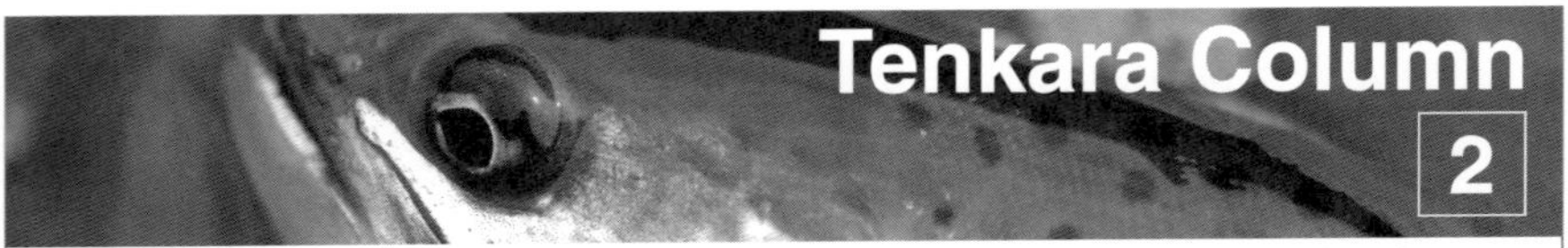

Tenkara Column 2

1人が持ち帰るだけで魚は減る

自分1人くらい魚を持って帰っても魚は減ることはないと誰もが思っている。ところが確実に減ることを示唆する調査がある。

これは禁漁期間中に長野県のある小渓流の距離500m、川幅2・2mの区間を調査のためのC&R区間としてフライとテンカラでイワナを釣り、標識をつけて再放流し、死亡率などを調べたものである。ここで興味深いのは、毛バリによる死亡率はわずか2%であったこと。つまり毛バリでC&Rするならほとんど死なないことである。

さらに、もしこの小渓流がC&Rでなかったら、生息数の35%が13人/回の釣りでいなくなると予想されたとしている。これは13人の釣り人が1回だけ、あるいは1人が13回釣りをしただけでそこの35%を釣ってしまうことである。ということはその3倍、のべ40人が釣ればそこの魚は絶滅することになる。

自分1人が持ち帰っても大したことないと思っていても、その渓流で釣りをするのは「自分」だけではない。昨今の情報化社会は釣りも同じで、あそこは釣れるという情報はあっという間に流れ、ソレッと人が押し寄せれば一気に魚がいなくなる。始末が悪いことに一旦流出した情報は拡散し消えることがない。

先の調査例は小渓流なので渓流域や本流域とは違うかもしれない。しかし、小渓流ということは種沢なので、このような源流で釣りまくってしまえばそこで繁殖し、渓流や本流に下る魚がまったくいなくなることになる。このようなところでの釣りは赤子の手をひねるようなもので、子供と相撲をとって勝ったと喜ぶ大人のふるまいである。種沢になる源流域での釣りを禁止しない限り魚の増殖は望めない。

テンカラとフライ

海や湖の釣りもあるフライフィッシングの範疇は広いが、渓流の釣りではフライとテンカラはオーバーラップしている。渓流域においてはフライよりテンカラのほうが合理的である。

元来、テンカラは職業漁師の釣りであり、そのコンセプトはいかに効率よく魚を釣るかという点にある。究極の効率は1種類の毛バリしか使わず道具に依存しない、つまり1つの仕掛けですべてをこなすことである。

かつての馬素のラインがレベルラインに替わっても、テンカラのシンプルで効率重視の釣りはなんら変わらない。フライフィッシングは研究と実践の上にたつ歴史と伝統ある素晴らしい釣りであるが、フライフィッシングの毛バリに対するコンセプトやDrag（ドラッグ）が起きやすい短いサオと重いラインシステムは、日本の渓流にマッチしていない。

若い人には、日本には職漁を起源とするテンカラという伝統的な釣りがあったことを日本人としてぜひ知ってほしい。道具に依存せず、1種類の毛バリで釣るというシンプルで合理的なコンセプトは日本人を貫く世界に誇れる文化でもあると思うからだ。もしフライしか知らなければ、フライのシステムでなければ魚は釣れないと思うだろう。フライを否定しているわけではない。テンカラも知ってほしい。テンカラを知ったうえでフライがよいと思えばフライをすればいいのだ。比較するものとしてテンカラを知ってほしいのが私の願いである。日本の渓流釣りの半分をテンカラにしたい。これが私の夢である。

「野生イワナの毛鉤釣りによるCatch-and-Release後のCPUEと生息尾数の変化」（山本聡ほか）、SUISANZOSHOKU , 49(4), 2001

3章 キャスティングをマスターしよう

テンカラの仕掛けにはオモリがない。他の釣りに比べて超軽量なこの仕掛けを、いかにして正確に、疲れることなく振り込み続けられるか。そのためにはまず、キャスティングのメカニズムを正しく理解することから始めよう。

キャスティングにまつわる2つの誤解

頻繁に振り込みを繰り返すテンカラではキャスティング、つまりねらったところに正確に毛バリを投射することはテンカラの半分を占めるくらいに大事なテクニックである。まず、よくある2つの誤解を解くことから説明する。

●誤解その1．ピシャッと飛沫を上げるような毛バリの着水はよくない!?

本の中には、あたかもカゲロウなどの虫が着水するように静かに毛バリを落とせと書いてあるものもあって、そのようにしなければダメと思うかもしれない。確かにフラットな水面で静かに捕食している魚には慎重かつ静かに毛バリを落とすテクニックが必要になるが、このような例は稀である。

テンカラでは激しい流れや瀬脇、白泡の中、石の際などへ落とすことがほとんどである。このためピシャッと飛沫が上がるような着水でもまったく問題ない。むしろ、そのような着水が魚にオヤ！と毛バリに気づかせる刺激を与えることになり、釣果につながることもある。テンカラマンの中には毛バリで叩きまくれと表現する人もいるほどである。私のキャスティングでも矢が水面にピシャッと刺さるように着水する。風があるときや逆風では、静かに毛バリを落とそうとすれば風にあおられてしまうので、風に負けない鋭いキャスティングが必要になる。

●誤解その2．洗面器に落ちるくらいの正確さが必要!?

昔のテンカラマンのキャスティングの正確さを表現するものとして、コップや杯に毛バリを落とした、などがあるがこれは眉唾である。実際にコップを置いてキャスティングしてみればそんな芸当はできないことがわかる。確かにピンスポットをねらうキャスティングができれば釣果は上がる。ではピンスポットはどの程度かといえば、私は5ｍ先の洗面器程度と思っている。この程度の大きさに落ちればいい。とはいえ5ｍ先の洗面器は小さい。実際にキャスティング大会を行なうとベテランでも10投してせいぜい2～3投が洗面器に落ちる程度である。つまり百発百中の必要はないのだ。私もその程度であるがそれで充分釣れる。

なぜなら魚が毛バリを捜すからである。魚の視野は広いので、人と違って必ずしも前に落ちたものしか見えないわけではない。真横や後ろに落ちた毛バリも魚には見える。テンカラのテクニックの中に、わざと魚の斜め後ろに打ってふりむきざま反射的に食わせるというものもある。キャスティングは釣果を上げる大事な技術であるが、洗面器を目標にしてそこに10投で2～3投落ちる程度の正確さを目標にすればよいだろう。

キャスティングの原理を知る

ここではレベルラインのキャスティング

について説明する。最初になぜ細いレベルラインが飛ぶのかを理解する必要がある。

一般的にテーパーラインは数本のラインを撚ったものなので重い。フライラインはさらに重い。重いラインなら振ることは簡単である。むしろその重さで逆に力が入りすぎるとラインで水面を叩くことにもなり、かえって力を入れないようにコントロールしなければならない。

これに対してレベルラインは軽い。先にも書いたがフロロカーボン4号はナイロン7号とほぼ同じ重さである。逆にいえば同じ重さなのに細い。細ければ空気抵抗が少ない。これはハリスが細いほど水の抵抗がなく自然に流れるのと同じである。

超軽量のレベルラインを飛ばすにはスピードが必要。とはいっても力任せにサオを振るわけではない。正しいフォームと力の入れ方で、サオの曲がりを生かしたキャスティングを身につけよう

軽いラインを飛ばすにはパワーが必要である。パワー＝質量×スピードである。つまり軽いラインの場合にはスピードをつければ同じパワーを得ることになる。レベルラインのキャスティングのキーワードは「スピード」である。したがって、普段テーパーラインやフライラインを使用している人がこれらを振るときのスピードでレベルラインを振ってもパワーがないのでまったく飛ばない。このためレベルラインは飛ばないとか難しいと思ってしまうが、これはラインスピードが足りないからである。

ラインが細いほど風の影響が少ない。したがってレベルラインは風に弱いというのは誤解である。太いほど風の抵抗が大きいので、テーパーラインやフライラインは逆に風に弱い（より風の影響を受けやすい）のだ。レベルラインは風の影響を受けないようなキャスティングをすれば、向かい風でもまったく影響されずにキャスティングすることができる。

ラインスピードをつけるリボン練習

どのくらいのスピードがいいかを文章で説明するのは難しい。そこで図のようにラインで円を描いてみよう。新体操にリボンを頭上でクルクル回すリボンという種目があるが、これをイメージした練習である。

ラインが垂れないで回るときのラインスピード＝サオの跳ね上げ（ピックアップ）のスピードである。垂れてしまうようならスピードが足りない。このとき手首だけで回すように手首を左手で支えるとよい。右回り、左回りで練習する。最初は円を描くようにするが、次第に円を前後に長い楕円にする。楕円ができればキャスティングのほとんどができたようなものである。楕円を直線にしたのがキャスティングである。レベルラインのラインスピードはテーパーラインなどに比べてはるかに速いことがわかるだろう。

グリップと姿勢

●グリップ

グリップを握るときは人差し指をのばして軽くそえる。跳ね上げの際、人差し指はサオが後ろに倒れるのを止める役割をする。フライフィッシングのようにグリップの真上に親指を置く持ち方は薦められない。

グリップのどこを握るかだが、私の場合はグリップエンドを手のひらに包むようにして握ることが多い。この持ち方により、手首が360度自由に回転できるからである。ただし渓流の規模や疲労度、サオの重さなどによりグリップの前部を握ることもあり、臨機応変に使い分けている。

●姿勢

キャスティングの際の姿勢は、左右どちらかの足を6：4程度に前に出し、前の足に重心をかけると安定したキャスティングができる。もちろん立ってキャスティングできる場所ばかりではないため、片膝をついたキャスティング練習などもやっておいたほうがよい。

●グリップ

▲グリップは人差し指を伸ばして軽くそえるように握ること

●キャスト時の姿勢

▲片足を軽く前に出すキャスティングの姿勢（右）は、そのまま釣りの姿勢（左）にもつながる。両足が揃った状態（仁王立ち）ではどちらもうまくいかない

◀状況によっては姿勢を低くしてキャストすることもよくある。姿勢にかかわらず同じキャストができるのが理想だ

キャスティング時の適正なラインスピードを体感する練習

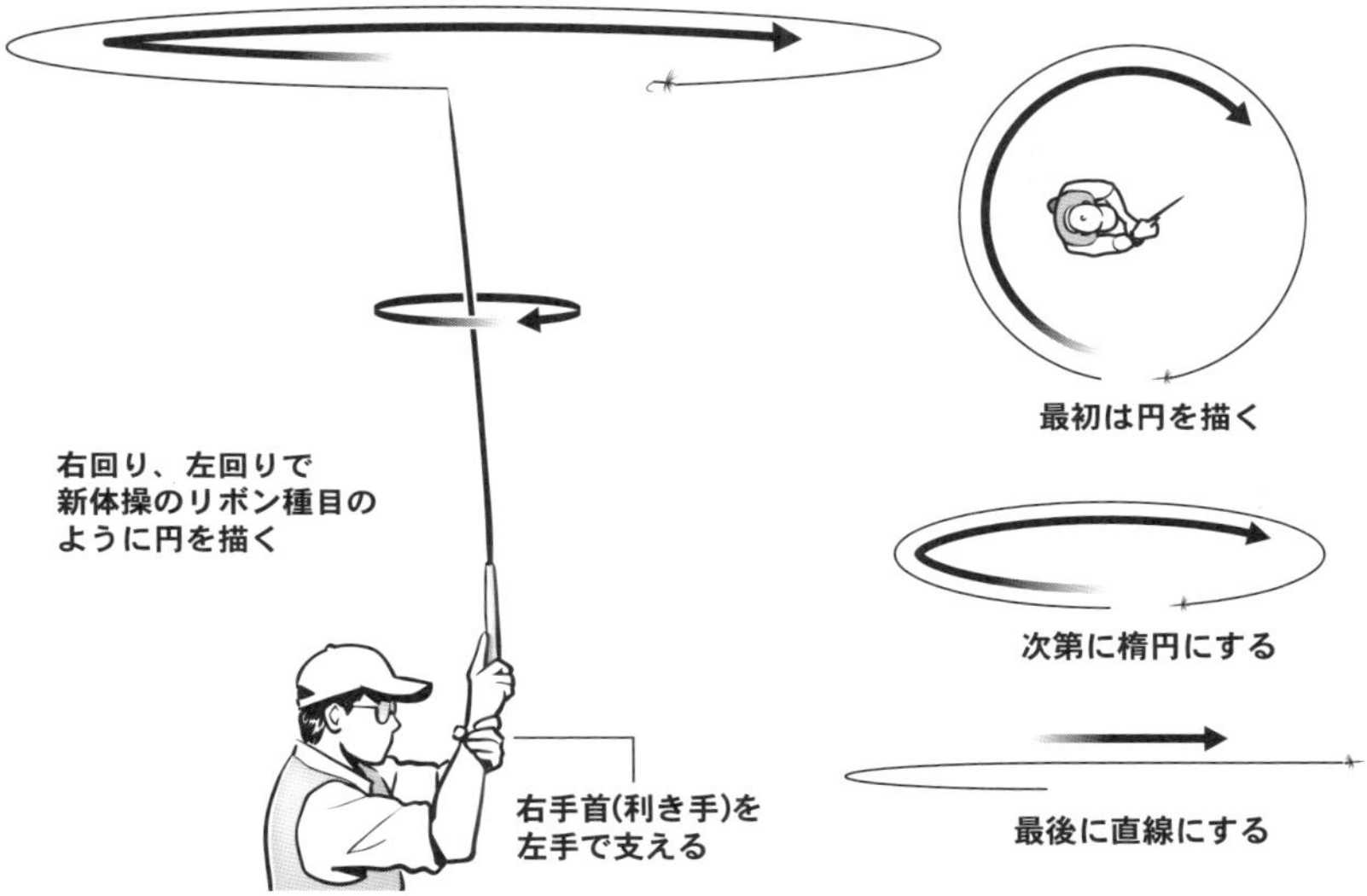
右回り、左回りで
新体操のリボン種目の
ように円を描く
右手首(利き手)を
左手で支える
最初は円を描く
次第に楕円にする
最後に直線にする

ライン軌道の基本原理

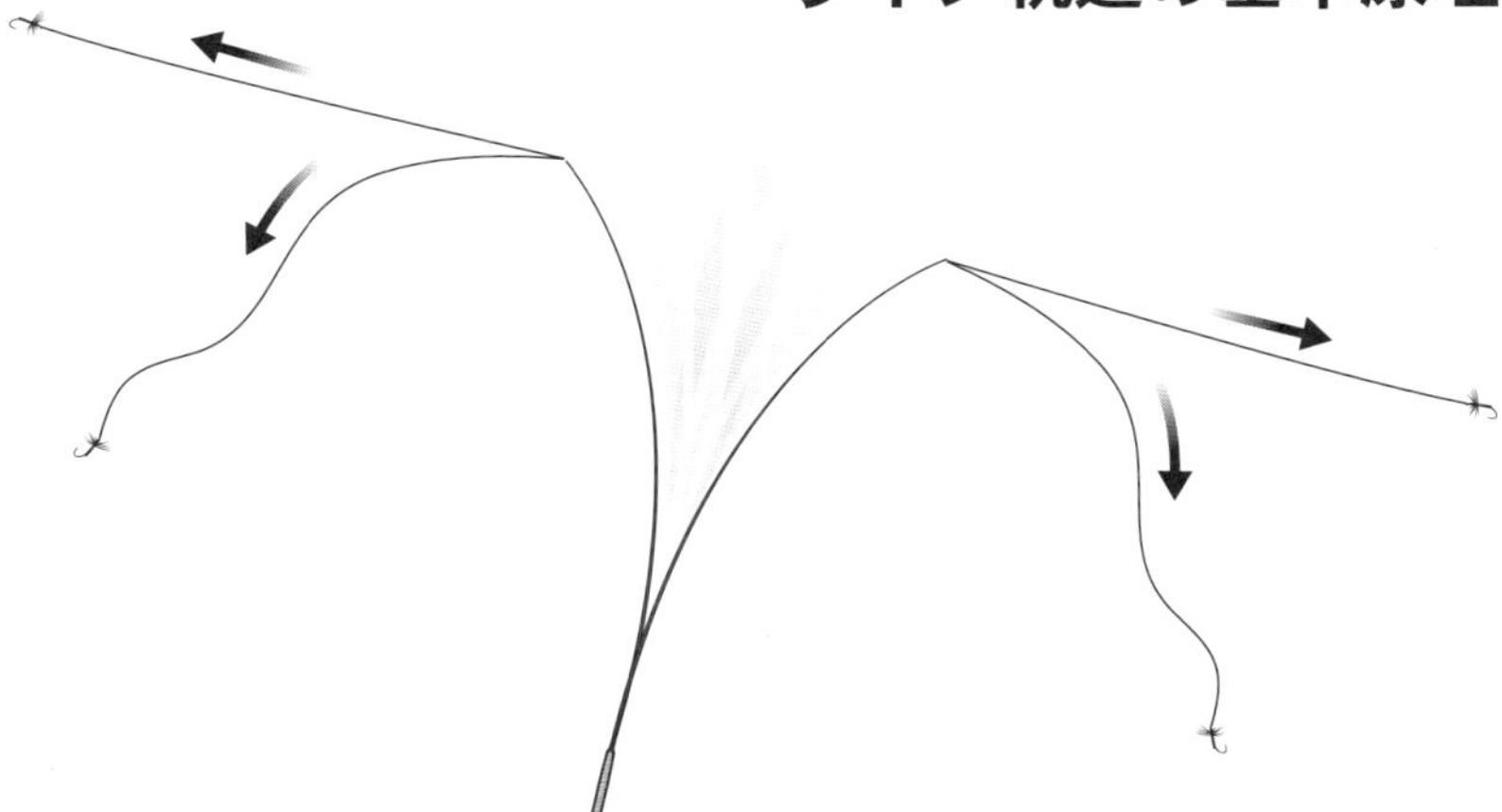

キャスティング時の前後のラインはサオを中心にして相似形になる

キャスティングの手順とコツ

① 相似形のイメージ

テンカラのキャスティングは一旦後ろに跳ね上げたラインを前振りで前方に飛ばす技術である。しかし、どうしても前に飛ばしたいという気持ちがあるため前振りに力が入ったり、急いで前振りに移ろうとしがちになる。

前に飛ばすためにはまず後ろにラインをまっすぐに飛ばすことが必要である。ラインはP57下図のようサオを中心として前後に相似形になる。後ろにまっすぐ飛べば前にまっすぐに飛び、後ろがワナワナなら前も同じようにワナワナになる。

練習でも毛バリの空気抵抗を考慮して毛バリをつけたほうがよい。ただし安全のためにハリ先はカットしておこう。ハックルの多い毛バリは空気抵抗が大きく思ったように飛ばないので、ハックルの少ない毛バリで練習するのがよいだろう。

② 跳ね上げ

跳ね上げの際、前述したようなラインスピードになるように跳ね上げる。このとき左頁上図のように12時でグリップが止まるようにする。練習では左手で右手首を握り、手首だけを動かすコンパクトな動作にする。感覚的にはサオを後ろに倒すというよりサオ先を上に突き上げるイメージである。

③ 前振り

ラインが後ろでまっすぐになったら次に前振りに移る。前振りは2時でサオが止まるようにする。2時で「止める」のではなく自然に「止まる」ようにする。このとき、一旦後ろに跳ねたサオが自然に元に戻るサオの力を利用するので前振りにほとんど力は必要としない。親指、人差し指をグリップから離せば力を抜くことができる。イメージ的には後ろ＝8なら、前は2程度の力の入れ具合である。そうすればラインは狭いループで毛バリを運ぶ。

④ リズムとタイミング

動作を言葉で表現するのは難しいがやってみれば簡単である。要は跳ね上げのスピードをつけることに尽きる。リズムとしては跳ね上げと前振りでワン・ツーという2拍子である。ただし跳ね上げたラインが一旦後ろでまっすぐになるわずかな時間が必要なので、前振りに移る前に若干ポーズの時間をとる。しかし取りすぎるとラインが垂れてしまいタイミングを失する。

・毛バリがサオ先にからむ
・結びコブができる

これらのトラブルは、まだ後ろにラインが伸び切らないうちに前振りに移る、つまり前振りのタイミングが早いために起こると思えばよい。

⑤ サオの戻る力を利用する

一旦後ろに曲がったサオが自然に元に戻る力を利用するので、前振りの際は力を入れるより添える感覚で充分である。しかし、どうしても前に飛ばしたいという意識があるので力を入れて振ってしまう。するとど

キャスティングの基本動作＝跳ね上げと前振り

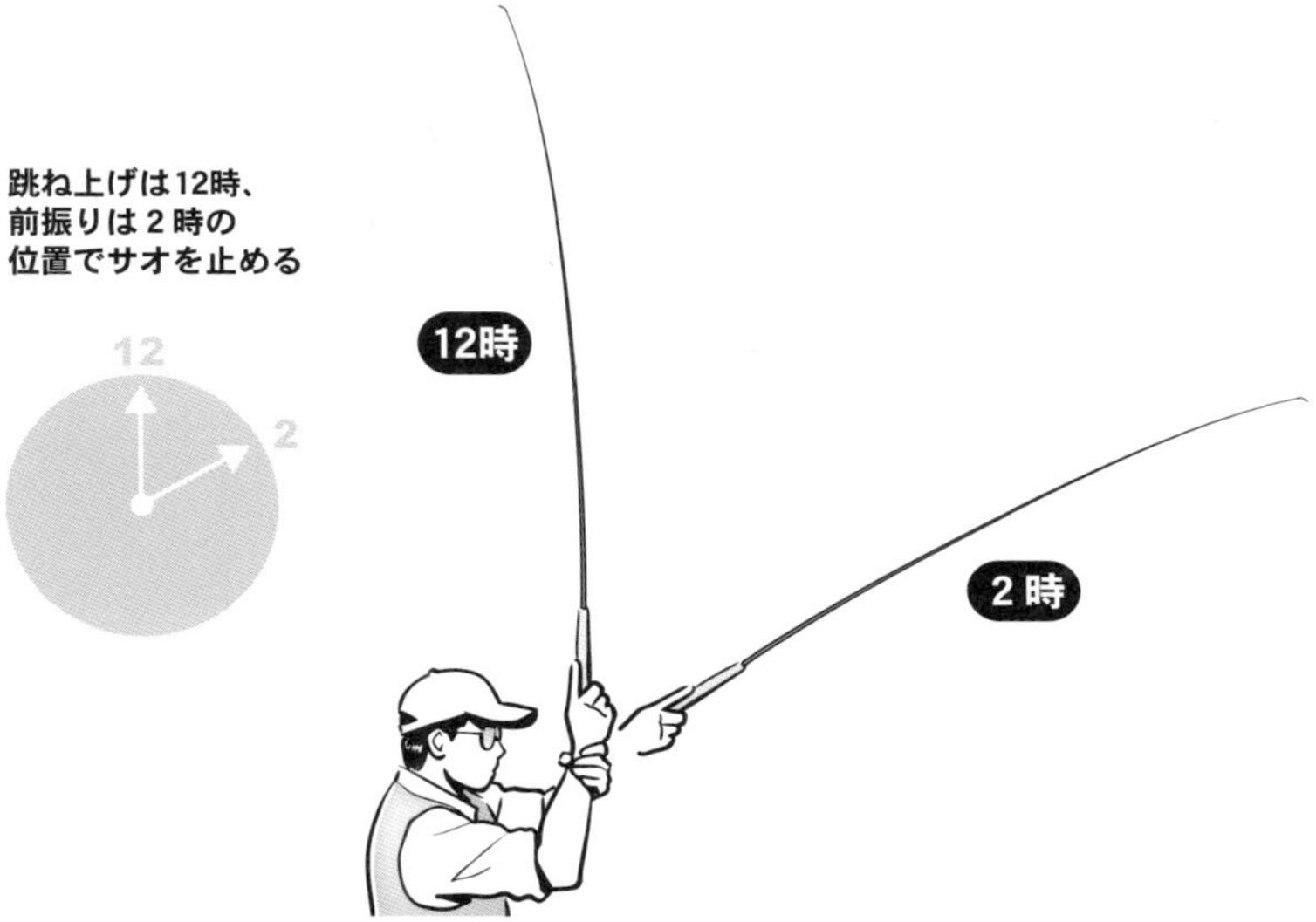
跳ね上げは12時、
前振りは２時の
位置でサオを止める
12
2
12時
2時

前振りはサオの戻る力を利用する

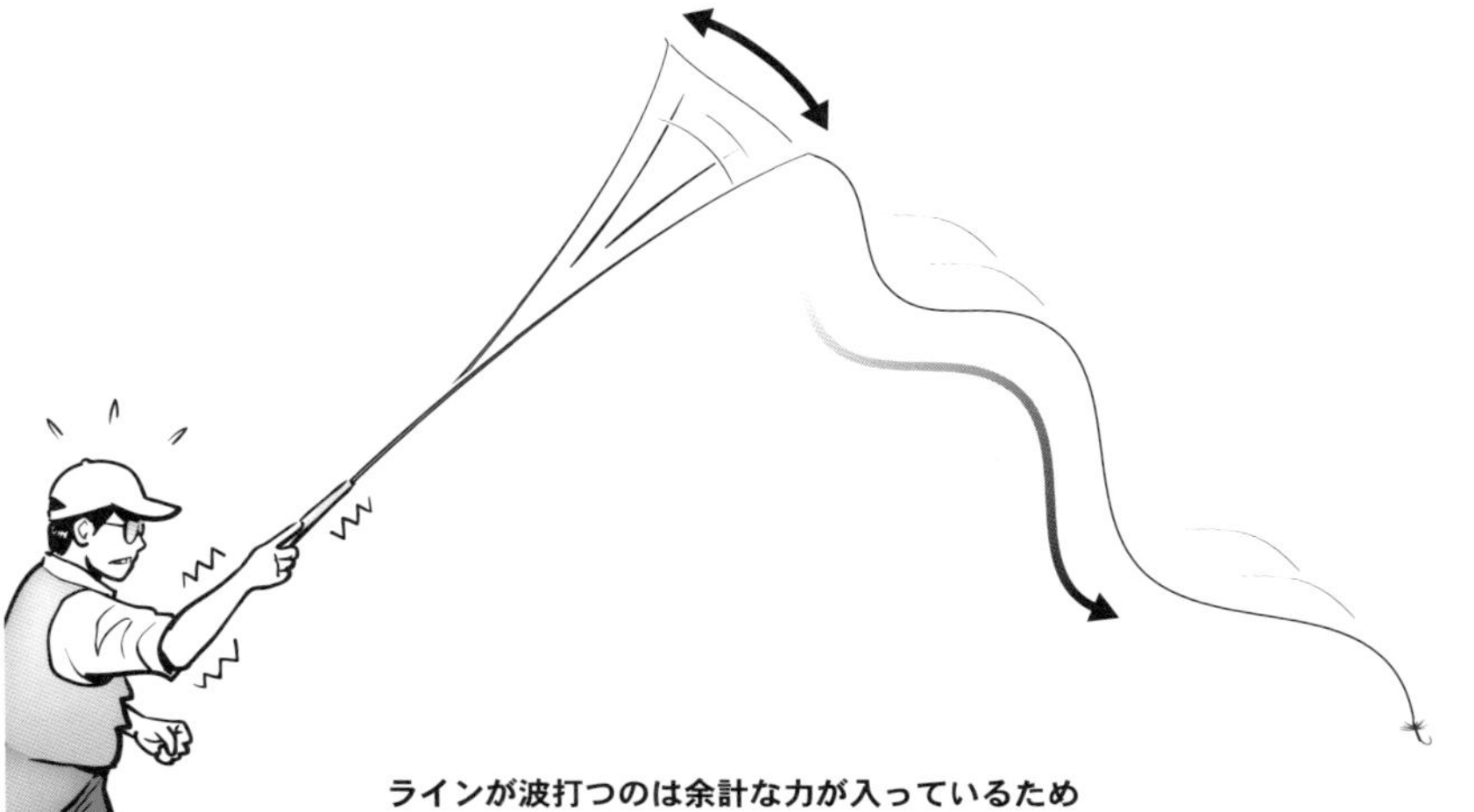

ラインが波打つのは余計な力が入っているため

写真上＝跳ね上げから前振りに入る瞬間。グリップの角度に注意。後ろが見えない跳ね上げ時は特に振りすぎに注意する
写真下＝前振り。ラインはサオが振り切られてから前に伸びていく

前振りは跳ね上げの軌道から少しずらして行なう

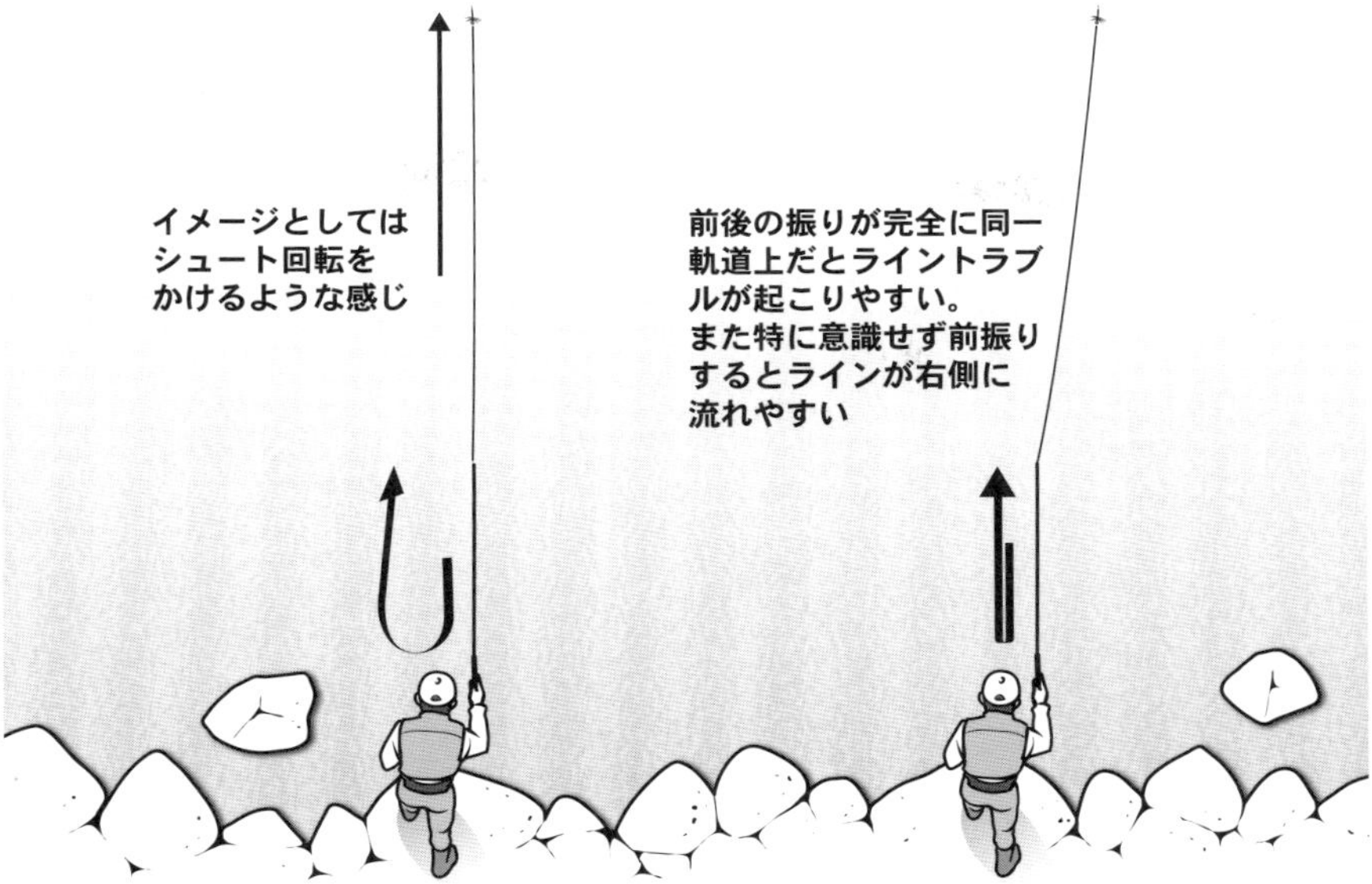
イメージとしては
シュート回転を
かけるような感じ
前後の振りが完全に同一
軌道上だとライントラブ
ルが起こりやすい。
また特に意識せず前振り
するとラインが右側に
流れやすい

うなるだろうか。力が入っているのでサオは強く前に垂れる（お辞儀をする）。垂れたサオはその反動で反り返り、せっかく前に飛ぼうとしているラインを引き戻すことになる。このためかえって飛ばなくなるのである。

キャスティングを真横から見た場合、力の入ったサオがお辞儀と反り返りを繰りかえしているキャスティングはラインが何度も波打っている。自分のラインが波打っているときは力が入っていると思えばよい。この波打ちがなくなれば、今より1mも1・5mも先に飛ぶことになり、疲れず、ピンスポットをねらった正確なキャスティングができるようになる。

⑥シュートをかけるコツ

まっすぐ跳ね上げたラインと同じ軌道を前振りで通るのが基本である。つまり直線である。しかしこの直線軌道ではタイミングによってサオ先にラインがからむ場合がある。そこで跳ね上げと前振りの軌道を変える、つまりわずかに楕円を描くようにすると絡みを防ぐことができる。

イメージ的には跳ね上げたラインに軽くシュートをかけるテクニックである。これは右利きの場合、まっすぐに跳ね上げても手の構造上、若干右に傾くのでシュートを掛けることによって右に傾斜するラインを補正して直線的に飛ばすメリットもある。

⑦向かい風へのキャスティング

先にレベルラインこそ風に強いことを書いた。とはいえ通常時と同じ振り方では風の抵抗を受ける分飛ばなくなる。そこで風が強い場合にはサオ先が水面に着くくらいにサオを倒し、水面と並行にキャスティングするのである。つまりサオ先を倒すことにより、サオやラインに受ける風の抵抗を

ワイパーキャスティングはラインが飛ばない

車のワイパーのように広い角度でサオを振っている。
肘の角度は適正でも、手首が開きすぎて同じ状態になっていることもあるので注意

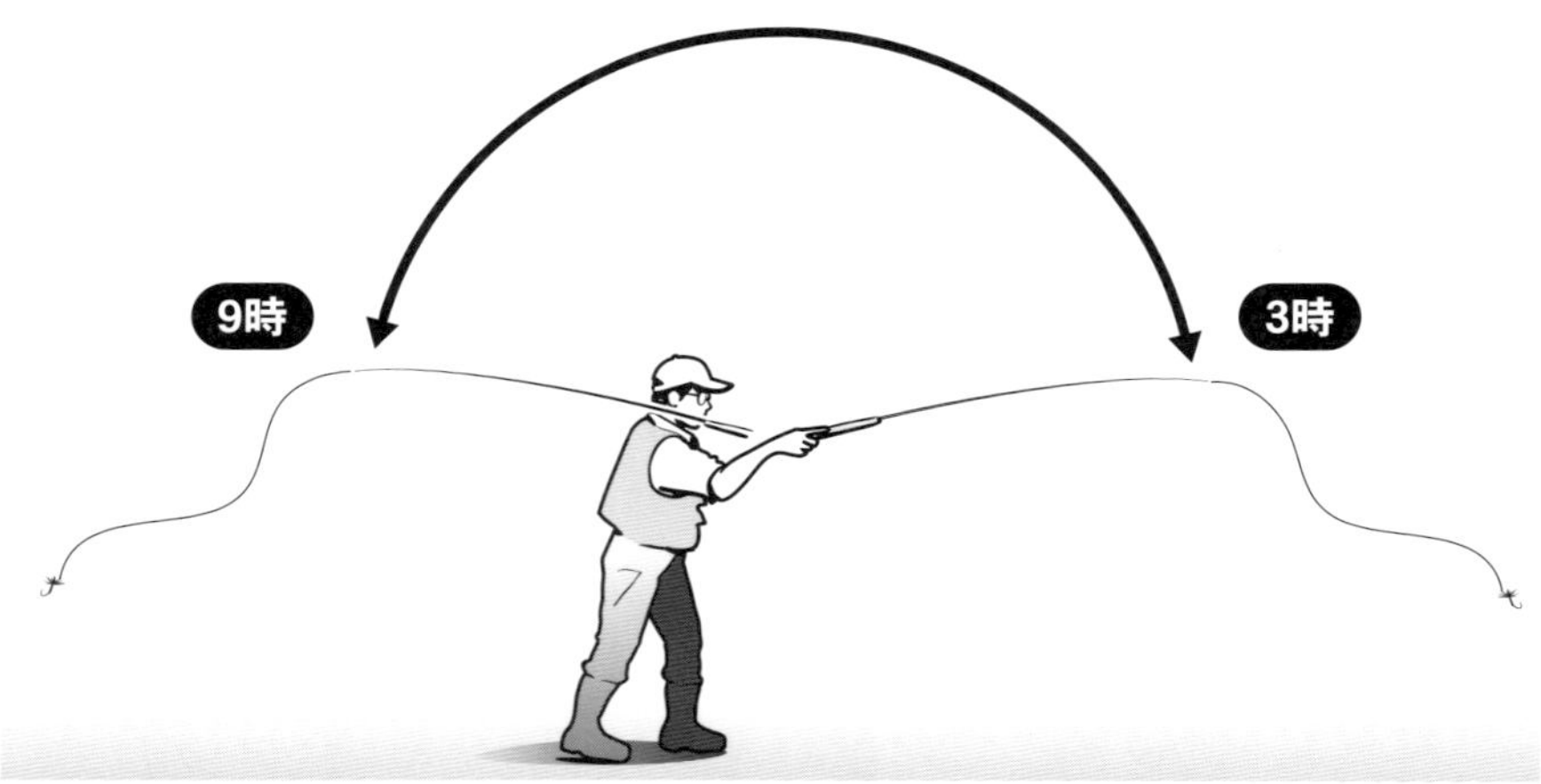

最小にする。このテクニックにより、向かい風でも関係なく毛バリを打つことができる。

⑧サイドキャスティング

渓流によっては後ろや上にブッシュがあってまともにキャスティングできない場所や、風が強くてサイドキャスティングを余議なくされる場合も多い。そこでサイドからのキャスティングは必須である。右サイド、左サイドどちらからでもキャスティングできるようにしたい。サイドキャストもサオの傾きが違うだけでオーバーヘッドキャスティングと原理は同じである。

⑨ダメなキャスティング例
ワイパーキャスティング

初心者に多いのがワイパーキャスティングである。まるで車のワイパーのようにサオの軌道が9時から3時までを動く。これでは絶対に飛ばない。サオの弾力（反発力）を活かせずラインスピードがつかないからだ。

サオは跳ね上げで12時、前振りは2時までのコンパクトなキャスティングにすること。サオは12時までといってもどうしても倒れてしまうので、それをブロックするのが人差し指のストップである。急に飛ばなくなったときは、いつの間にかワイパーキャスティングになっていることが多いのでチェックが必要である。

⑨連続打ち練習法

実践的な練習法として連続打ちがある。流れる葉っぱや白泡に向かって連続して毛バリを打つ練習である。葉っぱが流れることにより距離がどんどん変わり、そのため距離に応じたキャスティングが身に着く。と同時に、連続するための素早い跳ね上げがレベルラインの最適なラインスピードになるからである。

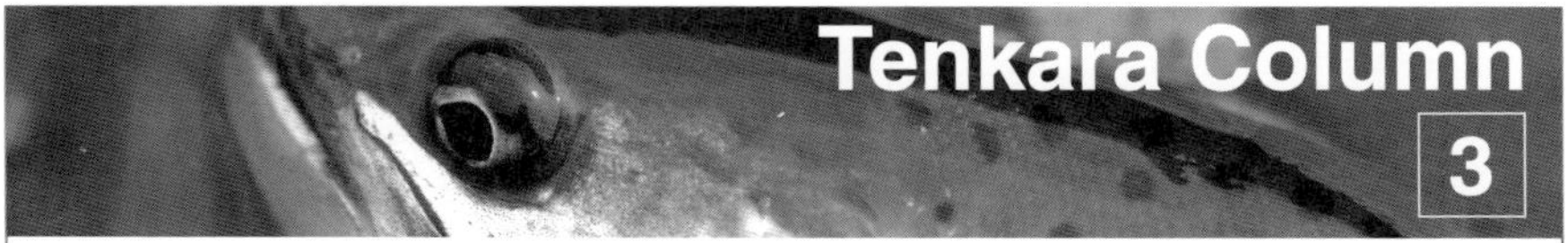

アメリカではテンカラがクール

アメリカはフライフィッシングの本場であるが、テンカラも少しずつファンが増えている。日本人にとって外来のフライフィッシングを格好いいと思うように、彼らからみると外来のテンカラはCool（格好いい）なのである。

アメリカでもフライフィッシングのシステムは複雑化、細分化し、難しい釣りになっている。ビジネス化がすすめば複雑なシステムになるのは当然である。複雑になる中で、もっと簡単に釣れるのではないかと模索していたところに、ウエブなどでテンカラが紹介された。アメリカでもテンカラベンチャービジネスが始まっている。

日本人がフライフィッシングのスタイルの格好よさにあこがれるとすれば、アメリカ人は日本のシンプルで効率性というコンセプトにCoolさを見出している。シンプルはCheap（安っぽい）と表裏一体である。リールなしのノベザオで、オモリもインジケーターもないラインと毛バリだけのテンカラは、アメリカでは子供のする釣りである。しかも毛バリは1種類でいいという。そんな子供みたいな仕掛けで釣れるのかという疑念も、実際に釣れることがわかるとテンカラを評価するのも早い。アメリカ人だって釣れないより釣れたほうがうれしいのだ。

毛バリは1種類でいいこと、道具に依存しないというテンカラのコンセプトは、これまでのフライフィッシングのシステムとは真逆のものである。シンプルで釣れるテンカラは合理性を好むアメリカ人の中に徐々に浸透し始めている。アメリカのテンカラマンがテンカラの母国、日本を訪ねる日も近いように思う。

日米テンカラマン気質

サンフランシスコ近郊でテンカラをデモする機会があった。デモしてほしいというリクエストに軽く5分余り振ってみせた。OKの声がかかったので、さてここからお決まりの質問コーナーかと思ったが、8名の参加者は一斉にサッと散っていったのだ。集合時間も場所も決めずに。そうなのだ。すべては自己判断、自己責任。では釣りがうまいかといえば、お世辞にも上手とはいえない人ばかりである。そんなところでは絶対に出ない場所でも平気で振っている。

日本ではこうはならない。もう充分なキャリアも技量もあるのに、私はどうでしょうか、どこか悪いところがあるでしょうかと質問する人が多い。自分に足りない点を指摘してほしいのである。裏返せば完璧でなければ不安とか、これでいいのかという思いが常にあるのだと思う。私の講習会を何度も受ける人もいる。オヤジギャグを聞くためだけではないようだ。

もう充分ですよといっても、疑問がある間は解決できるまで教えてもらおうとする。内心、自分で判断したらと思うが口には出せない。教える側としてもすべてがわかっているわけではない。質問は気づきを教えてくれるのでむしろありがたいが、完璧でなければというテンカラマンが多いのに驚く。

私は仮に10教えることがあれば、キモを3つ教えればいいと考えている。不足の7は自分で考えるからだ。自分で考えたものほど身につく。すべては自己判断、自己責任のアメリカ人と、周囲と異なることを嫌い、完璧を求める日本人の国民性の違いがこんなところにも出るのである。

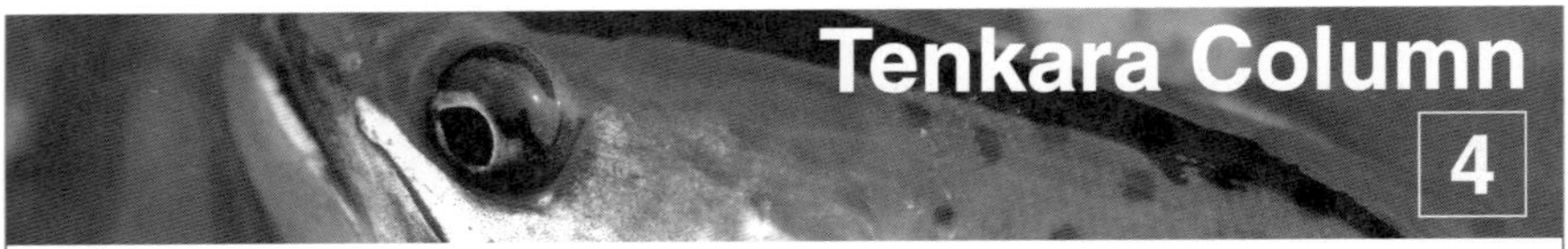

Tenkara Column 4

テンカラ お化け屋敷論

テンカラは掛ける前に魚の「出」が見える釣りである。釣る前に魚が見えるとドキッとする。なぜドキッとするかといえば、一瞬だから、不意だからである。後ろから「わぁ!」と大きな声をかけられれば誰でもドキッとする。この瞬間はある種のストレスがかかる。ストレスのかかった状態では心臓はドキドキし、ハーハーと息をして、口が渇く。

お化け屋敷は軽いストレスの体験ツアーである。出ることがわかっていても、出るのではないかという不安と期待でドキドキし、「出たぁ!」で頂点に達する。やがてドキドキ感はしばらく間をおいて心地よい快感に転化し、楽しかったねとお化け屋敷を出る。

テンカラは出るじゃないかという期待でドキドキし、不意に出たときのドキッ!を味わい、それが快感に転化する釣りである。魚が水面に出るほうが面白いことは、フライフィッシングでもドライフライのほうが好きという人が多いことからもうなずける。前もって見えるのだから、掛ける前に魚のサイズもわかる。テンカラも経験を積めば出た魚の大小がわかるようになるので、小さな魚の場合は合わせないでおくこともできる。

エサ釣りにはドキッ!感がない。不意打ちがないのだ。せいぜい目印が動いた程度の刺激でアワセをする。目への刺激はその程度である。掛けて始めて魚が大きいかどうかがわかる。だから小さい魚も掛けてしまうことになる。エサ釣りは細イトなので切られる心配があり、魚とのやりとりは面白い。テンカラは掛けてしまえばまずハリスのトラブルはない。つまり、テンカラは掛ける前に面白さがあり、エサ釣りは掛けた後にそれがある。

ダマシテ釣る快感

テンカラはハンディを負っている。偽物の毛バリを使い、オモリも目印もない。仕掛けの長さにしてもエサ釣りに比べれば知れたものだ。だからこそ、釣れたときの面白さはエサ釣りに比べて何倍も大きい。「テンカラはエサの10倍面白い」が私の持論である。5尾も釣ればエサの50尾釣ったくらいの満足が得られる。ハンディがあるだけに、テンカラは釣れなくても仕方がないという遊びの要素が大きい。逆にそれが余裕にもなるので、サオやタモ、仕掛け巻きの自作、さらにはソバ打ち、山菜、写真に凝るなど、テンカラをよりよく味付けするものに向かう人が多い。

偽の毛バリで釣るというダマシテ釣る快感は、本能的なものではないかと思う。誰にでも経験のある子供の頃の遊びの多くは、だます快感と、だまされてしまった照れくささ、いいかえればその裏返しであるだまされた楽しさである。偽のエサでだますテンカラは、子供の遊びの延長にあるように思う。だまして最高な快感が得られるのは銀行で偽札を使うことだろう。偽ブランドを本物といつわって売る業者もひそかな面白さを感じているかもしれない。

エサ釣りにはそんな遊びの要素がない。釣れなくても仕方がないという遊びの要素がないのである。釣れてあたり前の仕掛けやエサなのだから、釣れなければ満足できないのは当然である。だから魚を手にしなければ釣欲は満たされない。魚を1尾も釣らずにおいて、今日は楽しかったということはないのだ。その欲には限りがない。最初はビクの底の数尾が、そのうちビクのベルトが肩に食い込まなければ満足できなくなる。これは釣れてあたり前のエサ釣りの宿命でもある。

4章 毛バリの真実

テンカラ毛バリには効率性という要素が凝縮されている。
したがって、誤解を恐れずにいえばこの釣りでは毛バリは重要ではない。
釣り場では毛バリに迷うことなかれ。
そして自作の喜びも大いに満喫してほしい。

毛バリに関する基礎解説

テンカラマンの関心は毛バリにあるといってても過言ではない。「どんな毛バリを使ってます?」は挨拶代りになっていて、名刺交換のようにお互いの毛バリを交換し合うのはよくある光景である。毛バリからその人の人となりも想像できる。緻密な人は毛バリも繊細に巻くし、大雑把な性分の人は毛バリもいい加減に巻いているように思える。

「毛バリは人なり」と言えるかもしれない。毛バリについてアレコレ考え、ひょっとして今度の釣行ではこの毛バリで爆釣かもと想像をたくましくするのは楽しい。釣れなかった理由を毛バリに求め、もっといい毛バリはないかと迷うのもまた楽しい。毛バリ巻きからテンカラは始まっている。

キジの剣羽根から始まった私のテンカラも長い毛バリ遍歴をへている。その結論が、毛バリは二の次、三の次でテンカラの重要な要素ではないことである。「どんな毛バリでもいい。毛バリは釣果に関係しない」が長い毛バリ遍歴から得た結論である。意外と思うかもしれないが、テンカラでは毛バリは重要な要素ではない。キャスティング、アプローチ、ポイントの読みと立ち位置などのほうがはるかに重要である。

釣れない場合、初心者は自分のキャスティングやアプローチを棚に上げて「毛バリに問題があるのでは?」「もっと釣れる毛バリがあるのでは?」と思ってしまう。これは誰もが一度は通る道である。毛バリではない。問題はキャスティングや流し方などだとわかれば釣果はグンと伸びる。迷えるテンカラマンのために、あえて毛バリについて章を設けた。

●ハックルと胴のみ

まず毛バリの各部名称について説明する。基本的にテンカラの毛バリは胴とハックル（Hackle）だけである。フライフィッシングのようにテイルやウイングなどはない。以前はハックルのことを「みの毛」と呼んだ。藁《わら》で作った雨具の「みの」に似ているからであるが、みのがない現在では死語である。

一般的にテンカラではアイ（Eye、目）のあるハリ（イトを通して結べる環付きバリ）を使う。ハリはフライフィッシング用のほかにテンカラ専用のものを使う。アイのないエサ釣り用のハリにアイをつける人もいる。

●魚の視力と色覚をもとに毛バリを考える

フライフィッシングの発祥はイギリスを中心とするヨーロッパである。そして主にフラットな流れに生息するマスを釣る手段として発展した。そのような流れではゆっくり毛バリ（エサ）が流れるため、魚は毛バリをセレクトする余裕がある。フライフィッシングでは、基本的に魚は毛バリをセレクトするという発想が元にある。そのため羽化する途中の昆虫、成虫、あるいは陸生昆虫などの生態や姿、形を研究する。羽化している虫を観察し、その状況ごとに最適な毛バリをセレクトし、毛バリが合った

対岸大石の手前、反転流脇の緩やかな流れでヒット!　自作した毛バリに魚が食いつくときの高揚感はまさにテンカラの醍醐味

テンカラは毛バリにこだわらないという事実と、さまざまな毛バリを自作する喜びは決して相反するものではない。毛バリに迷うことなく、大いに楽しもう

毛バリの各部名称

場合に最高の喜びを見出す釣りである。

しかし、テンカラのフィールドである瀬や段差、淵の連続する渓流域では、魚は毛バリをセレクトしないという発想からテンカラはスタートしている。それは間違っていない。以下はその理由である。

① 渓流域では流れが速いため魚は毛バリをセレクトする余裕はない。セレクトしているとエサにありつけないからだ。なんとなく虫らしければくわえ、違えば吐き出せばよい。サイズさえ虫らしければよく、色や形も関係しない。

② 魚の視力では毛バリの細部は識別できない。私は目の研究をしているので魚の視力についても多少の知識があるが、魚は視力0・1程度のピンボケの視力である。空中に比べて水中は暗く濁りも頻繁である。そのような環境では透過度の高い大気中に暮らす私たちのようなピントのあったいい視力はそもそも必要ない。ピンボケであっても匂いとか側線に代表される感覚が代行しているからだ。つまり、私たちが毛バリの細部を識別できるからといって、魚も同じような視力で見ていると思うのは間違っている。魚の視力に基づいて毛バリを考える必要がある。

③ サケ・マス類は色の識別ができる。しかし、これは識別できることであって私たちと同じ色に見えていることを意味しない。識別は色（色相）の違いではなく、色の明暗、コントラストでも可能だからだ。私たちの巨大な脳をもってして初めて赤は赤として、青は青として色を鮮明に知覚できるが、魚の小さな脳で私たちと同じような色に見えているとはとても思えない。

④ テンカラマンの毛バリには百人いれば百通りの毛バリがある。つまり各人がそれぞれの毛バリを使い、それぞれに釣果を上げている。このことはとりもなおさずテンカラの毛バリは何でもいいことを物語っている。

●色も形も関係しない

つまり、渓流魚は毛バリをセレクトしないという発想のテンカラは合理的である。魚の反応がないとき、毛バリが合っていないと考える必要がないからだ。逆に流し方、ポイントの見方、毛バリ操作などに専念できる。フラットな流れでは確かに魚は毛バリをセレクトする。フライフィッシングでは渓流域でも魚は毛バリをセレクトすると考えるので、毛バリの交換に時間をとられがちで、効率的な、いいかえれば釣果の上がるスピーディーな釣りができない。

もちろん中には何度流しても食わなかった魚が毛バリの色や形を変えたら食ったという経験もあるかもしれない。しかし、それは毛バリの色や形が違ったからではなく、それまで散々流したので魚がじれて、あるいはウルサイやつだと毛バリをくわえた（食った）のかもしれない。手のない魚は口を使わざるを得ないからだ。あるいは毛バリの流れる筋が違ったため、毛バリが沈んだため、さらに動きがトリッキーだったなど、さまざまな要素が考えられる。一概に色や形の違いで食ったとはいえないのだ。

ここでいっておきたいのは、私はあくまで本質的に色や形は関係しないといっているだけで、より釣れる色や形に想像をめぐらせ毛バリを巻くことはまったく否定しない。それもテンカラの楽しみの一つだからだ。明日の釣りを想像し、色や形を変え、この毛バリなら爆釣するかもしれないとワクワクするのは実に楽しい。テンカラは毛バリを巻くことから始まっているからだ。

くどくなるがヘッドを赤い糸で巻いたから、胴にクジャクを巻いたからそれで食うということはない。黒い糸で巻こうが、クジャクの代わりに毛糸を巻いてもゼンマイを巻いても釣果に変わりはない。夢がないと思うかもしれないがこれが真実である。際限ない毛バリ遍歴から脱したときに腕が上がるのである。

流れの違いが毛バリの差になって表われる

栃木県日光・湯川。国内では珍しいチョーク（石灰質）ストリーム風のゆったりとした流れ。フライフィッシング発祥の地・英国ではこのような流れのマスを釣るためにフライが発展してきた歴史がある

日本で普通に見られる渓相。湯川のそれに比べて流れは速く、テンカラで毛バリを無理に浮かせないのは自然な成り行きだった

●サイズは関係する

毛バリの要素の中で唯一サイズは関係する。ただし常識的な毛バリであればほとんどカバーできるので、サイズについてもそれほど重要ではない。私の場合、常識的な毛バリサイズはフライフック・サイズで12番である。これに14番を加え、この2種類でほとんど間に合う。人によっては10番が定番という場合もあるがこれも常識的な範囲である。

例外的に、非常にスレた渓流ではこのサイズでは食わない場合がある。また、虫が飛んでいないのにライズがあるような場合には水面直下の小さなエサを食っている可能性がある。そのようなときには10番や12番の定番サイズは食わない。色や形ではなく、今、食っているエサと毛バリのサイズが違うからだ。そのような場合には明らかにサイズが関係する。

私ではないが、16番、18番でもダメ、さらに20番でも食わず24番に落としたら食ったというテンカラ仲間の例がある。このようにサイズを小さくしてまで釣るかは好みである。私はそれはフライフィッシングの領域ではないかと考え、16番でも食わない魚は釣らないと決めている。なぜなら上流には自分の定番サイズの毛バリを食う魚がいるからだ。それをねらってポイントを変えたほうがはるかに効率的だからである。

水深がある場合、流れが強い場合、濁りがある場合には小さい毛バリでは魚に見えないことがある。そのようなときには大きな毛バリを使ってアピールすると効果的なことがある。もちろん、大きいといってもせいぜい8番サイズである。アピールさせる毛バリとして、毛足の柔らかなソフトハックルをたっぷり巻いて、アクションをつけるとクラゲのようにハックルがフワフワ動くので効果的なアピールになる。

●管理釣り場の毛バリ

自然渓流では毛バリは関係しない。なぜなら毛バリをくわえ、釣られてしまえばそれが命の終わりだからだ。つまり、毛バリを偽物と学習する機会がないので毛バリとエサの区別ができないのである。ところが管理釣り場やC&R区間の魚は学習する機会が何度もあるので、すぐに毛バリが本物ではないと見破る。だから管理釣り場では毛バリを見ていない朝イチだけ釣れるが、すぐスレるということが起きる。

ここでは毛バリは大いに関係する。あの手、この手でおや?と好奇心をもたせる新奇性のある毛バリが必要になる。色、形、ビーズヘッドを使った沈む毛バリ、ごく小さな毛バリなどを用意し、状況に合わせて使いわける必要がある。

管理釣り場のスレた魚の毛バリの使い分けは新奇性がキーワードである。周囲の人が大きな毛バリを使っていたらごく小さい毛バリ、地味な色なら派手な毛バリなど、極端から極端に切り替えることである。

ラインと毛バリの関係も学習する。派手な色のラインは見抜かれる。また、ハリスが短いと警戒するのでハリスは長くするほうがよい。

初心者は白い毛バリからスタート

初心者にとって毛バリが見えないのは不安である。そこで白いハックルで巻いた毛バリを使うのがよいだろう。見やすい毛バリをいろいろ試したが、ハックルを白にするのがもっとも視認性がよい。毛バリが見えると次の利点がある。

・毛バリの着水を見失わない。その後の毛バリの追跡が楽にできる。

・毛バリが見える安心感が余裕を生み、過度な集中を必要としない楽な釣りができる。

私も長いテンカラ経験の中でいろいろな

毛バリが見えないと不安なので、余計に毛バリを見ようとしてしまいがちになるが、水面近くのラインの変化からもアタリをとることができる

私の定番、バーコードステルス毛バリ

ビギナーは白い毛バリから入ると不安が軽減される

毛バリを試した。当然、白いハックルの毛バリも。しかし現在は黒い胴に茶色のハックルをパラッと巻いた自称「バーコードステルス毛バリ」を使っている。パラッと巻いてあるのでバーコード、見えないのでステルスである。このほかに胴をクリーム色や薄茶色で巻くこともあるが、同じ色で巻いていると飽きてしまうのであくまで気分転換である。どの毛バリも見えない。あえて見えない毛バリを使う逆説的な理由をあげてみる。

①毛バリは魚が見るもので釣り人が見るものではない。白い毛バリで楽に見ることに馴れてしまうと、逆光、マヅメ、白泡の中、沈んだ場合などの状況では「見えない！」ことがかえってハンディになる。あえて見えない毛バリを使えばもともと見えないので、これらの状況でもハンディとはならない。

②魚の後手に回らないようにする。釣り人が毛バリを捜す前に魚はとっくに毛バリに気づいている。落ちた瞬間に出る魚は、空中を飛ぶ毛バリにすでに気づいている。捜すことにかけては魚が一枚上である。「アレ？　毛バリが見えない！」と思ったときにはすでに魚の後手にまわっている。あえて見えない毛バリを使えば毛バリを捜す必要がなく、魚の先手をとることができる。

③点ではなく面で見ればいい。毛バリは点ではなく面で見るのがコツである。毛バリが見えるとどうしても毛バリを「点」として見てしまう。これに対し毛バリが見えないと、毛バリがあるあたりを中心として漠然と「面」で見ることができる。点で見るのを中心視とすれば、面で見るのが周辺視である。周辺視はいわばレーダーである。そのあたりで何かの変化、たとえば魚の影がグラッと動いたとか、キラッとしたキラメキなどを感知するのに感度がいい。漠然と毛バリのあるあたりを見るようにすると、魚のアタリが実によくわかるようになる。

自分で巻いてみよう
~私のバーコードステルス毛バリの巻き方~

毛バリはぜひ自作してみよう。毛バリはいわばテンカラのエサなので消耗品である。1日で何本かは失う。市販品もよいが値段が高い。すでに述べたように毛バリが綺麗に巻けているかは釣果に関係しない。自分で巻けば安くできる。ほとんどはハリの値段である。安ければ毛バリを失うことに躊躇《ちゅうちょ》しないので、毛バリを引っ掛けそうなところでも果敢にねらうことができる。自分で巻いた毛バリで釣れれば喜びは2倍、3倍になるのでぜひトライしてみよう。

さて、私のバーコードステルス毛バリは、慣れてしまえば1分で巻くことができる。いい加減に巻いているので「いい加減毛バリ」であるが、魚の視力を考えると好い加減の毛バリだと思っている。

●最低限用意するもの

写真はこれだけは必要なもの、あれば便利なものである。値段はピンキリであるが必要な機能を備えてあれば安いもので充分である。

・ハックル　羽根は3000円程度から入手できる。細い羽根、太い羽根など1つの束で相当数の毛バリを巻くことができる。

・スレッド（糸）　私は100円ショップのミシン糸を使用している。フライ用の細いスレッドはハリ先に触れると切れる場合がある。

・ほかに、バイス、ボビンホルダー、ハックルプライヤー、ハサミ、瞬間接着剤など。

●羽根の素材

テンカラのハックルに使用する羽根にはさまざまな素材がある。私は主としてフライショップで市販されている羽根を使用している。1本の羽根で根元は大きいハックル、先端は小さい毛バリにと余すことなく使用できるメリットがあり、釣具店で入手できるので便利である。

ソフトハックル（毛バリがフワフワするもの）としてメスキジの胸毛を使う人もい

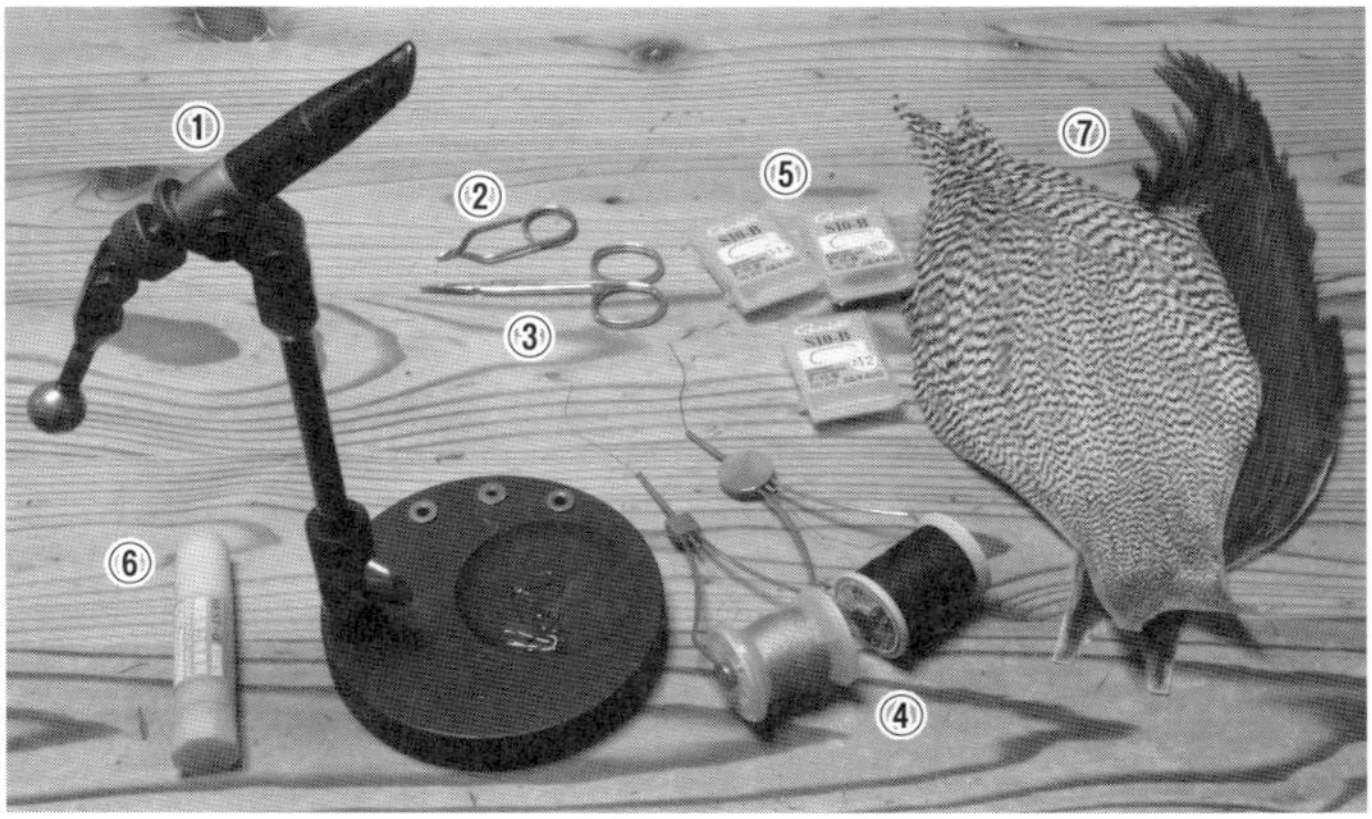

毛バリを自作するための道具と材料

①バイス（ハリを固定する）　②ハックルプライヤー（ハックルの先端をつまむためのもの。後ろの輪に指を入れて回して使う）　③ハサミ（シザーズ）　④ボビンホルダー。胴を巻く糸をセットする　⑤ハリ各種　⑥瞬間接着剤　⑦ハックル（雄鶏の羽）

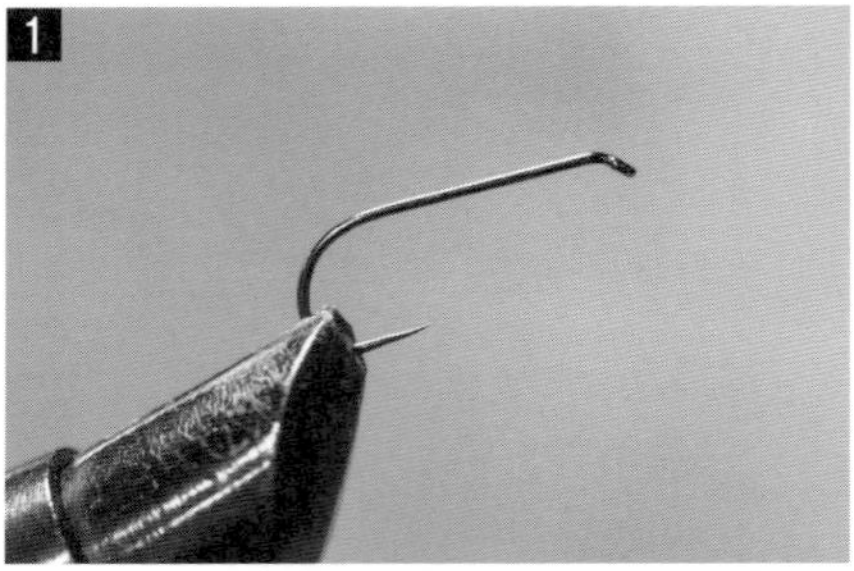
1

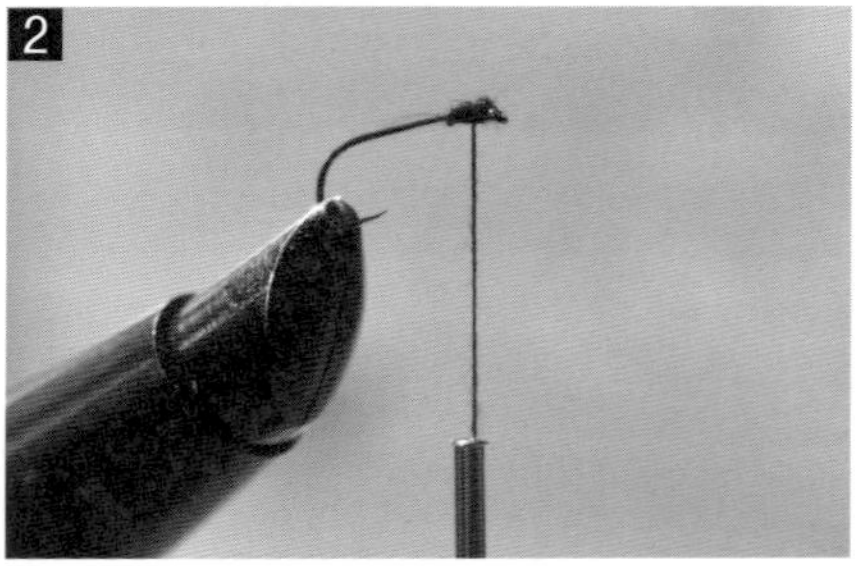
2

3

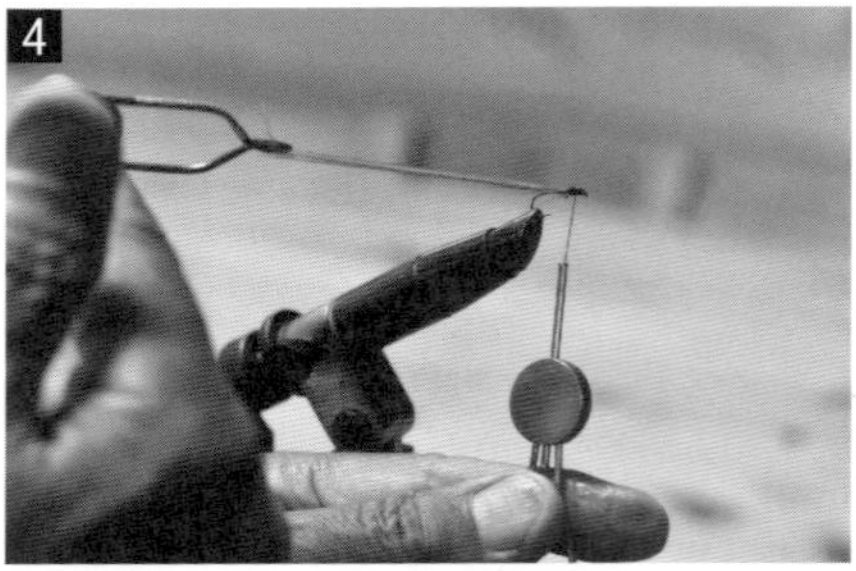
4

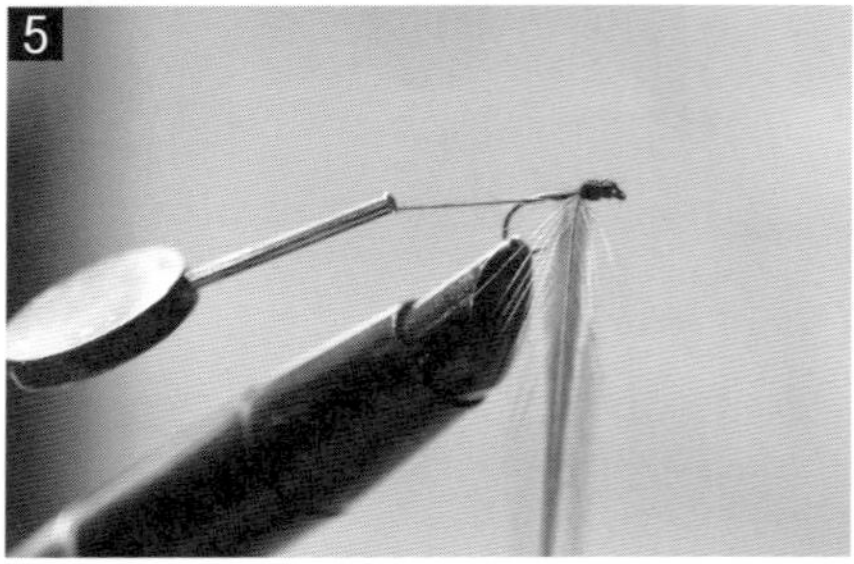
5

6

る。ハックルをたくさん巻くと、引いたときに抵抗が大きくなり、羽根がフワフワ動く演出をすることができる。誘いを掛ける釣りでは有効であるが入手が難しい。

剣羽根も一部のマニアに根強い人気がある。通常、軸を割いて、片側ずつ利用する。その他、スズメ、鶏、カモ、フクロウの羽根を使う人などもいる。先述したようにどのような素材でも釣果に変わりはないが、この羽根ならひょっとしてアタリ毛バリになるかもとワクワクしながら巻くのも楽しみの一つである。

●胴の素材

胴の素材もさまざまである。私はミシン糸を使っている。下巻きはしない。どっちみち隠れてしまうのでその必要はないからだ。胴に使用するのはクジャク、ゼンマイ、毛糸、愛犬の毛などもある。胴を巻かずに、ハックルを胴まで巻いて胴の部分をカットしてもよい。カットしない通称ゲジゲジ毛バリもある。素材によって釣果に違いはない。

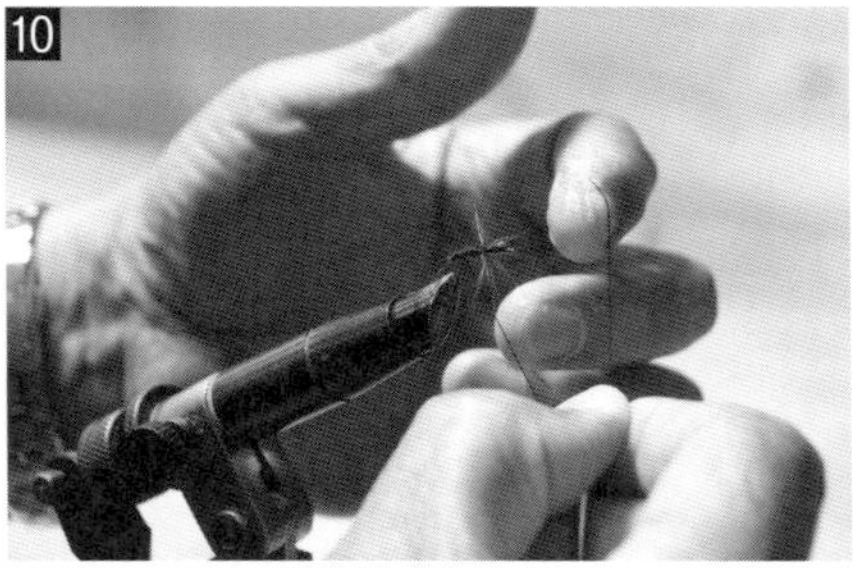
10

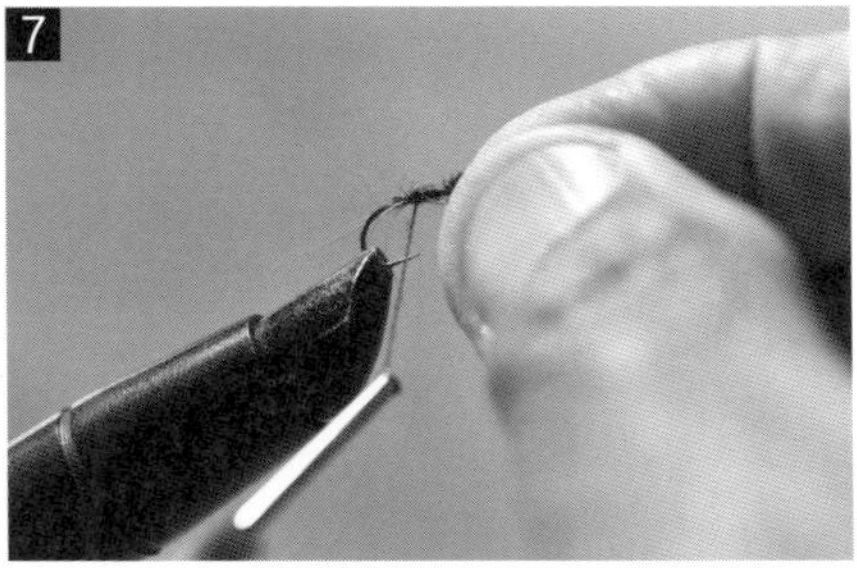
7

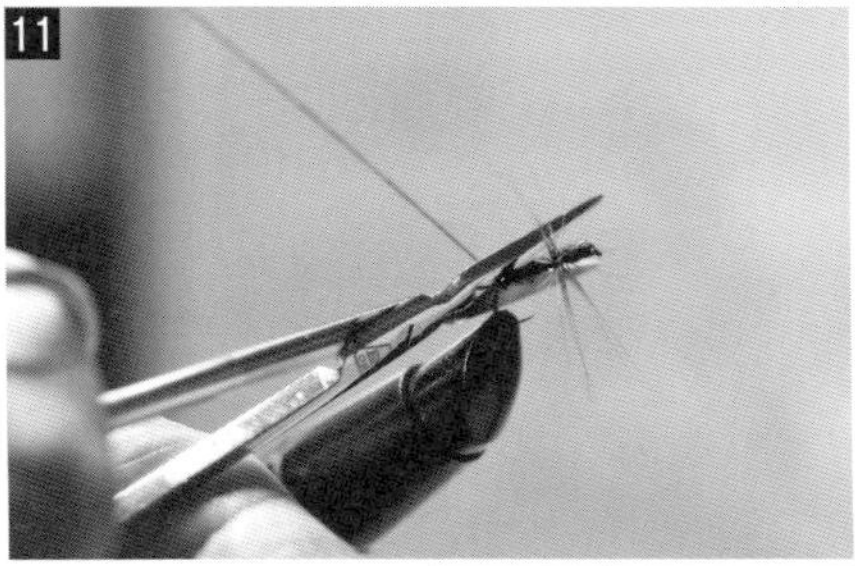
11

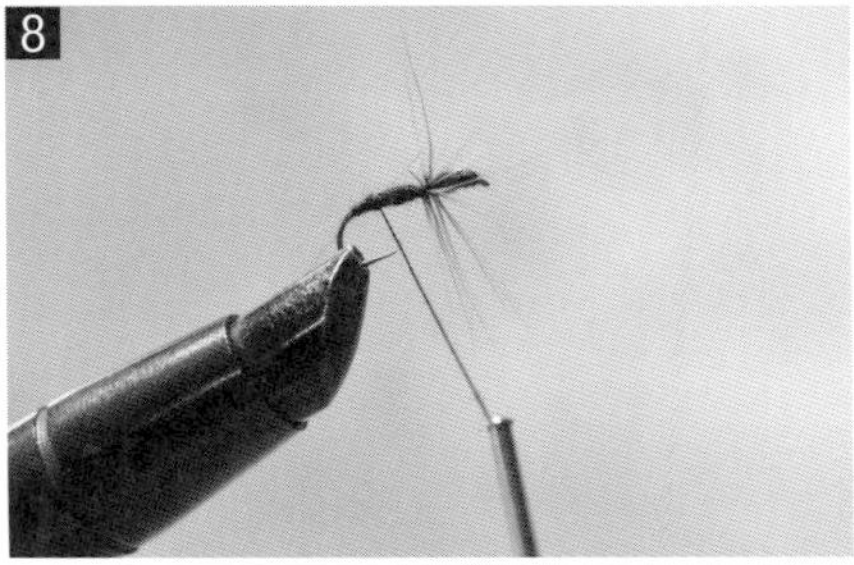
8

12

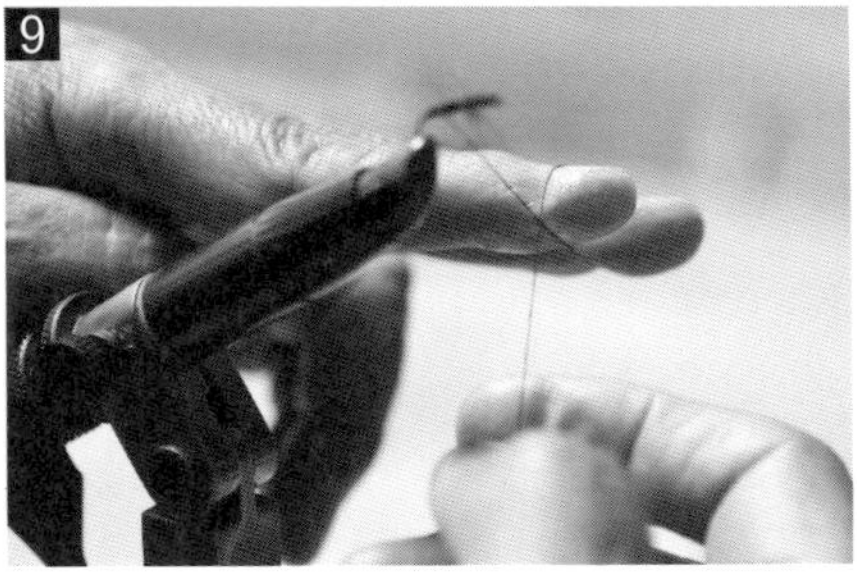
9

完成した状態

1 バイスにハリを固定する 2 下巻きは必要ない。まずヘッドを巻く 3 事前に余分な下側をカットして処理しておいた羽根の軸をハリに添えて糸でしっかり巻きつける 4 ハックルプライヤーで羽根の先端部をつまみ、ボビンホルダーとハックルプライヤーを写真の位置にもってくる 5 ハックルを数回巻きつける。このとき糸の上から巻き込むようにハリ先の方向に巻いていく 6 余った羽根を糸で巻き込む。余分な羽根をカットし、糸を巻きつけ胴をつくる。 7 逆さ毛バリにする場合には、このとき羽根をアイのほうに倒し、根元をギュッと巻きつけるとハックルが逆さに開く 8 糸をグルグル巻いて胴をつくる 9 糸を指にかけて…… 10 ひねって輪をつくり引いて縛る 11 糸の先端をカットする 12 瞬間接着剤をカットしたところに少量つけて補強し、できあがり。もし、アクセントでクジャクなどを入れる場合には、⑦の後にクジャクを挟んで同じ糸で巻きつけるだけである

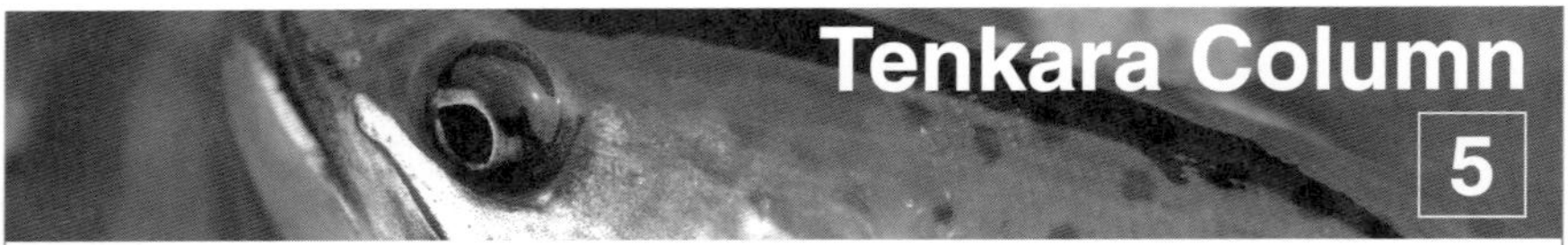

あの日がなかったら

折節、どのような出会いをしたかで人生は大きく変わっていく。私のテンカラとの出会いは衝撃的だった。それは地元愛知県の奥三河・足助町を流れる神越渓谷でのことである。5月の陽も高くなり、早朝に掛けたビクの中のわずかなアマゴもすでに青く変色し、川魚特有の臭いも気になり出していた。もう釣れないだろうからそろそろ上がろうと思っていたところへ、林道からガサガサと降りてきた1人の男。私のすぐ上流へ入る。

「なんだ！　頭をはねやがって」

怒りを込めて見ていると、男はサッとサオを伸ばして振り出した。

「ん？　毛バリじゃないか！」

そしてあっという間に2尾のアマゴを掛けたのだ。男がサオをたたみ林道へ戻るとき、私とすれ違った。アマゴのバタバタする音がビク越しに聞こえた。時間にして5分もあったろうか。これがテンカラなのか。掛けた瞬間のシーンも、すれ違うときのビクの音も今でも記憶に残る。初めて目にしたテンカラはあまりにも衝撃的であった。

さっそくその夜、『渓流のつり』（つり人社）を引っ張りだし、杉本英樹氏の毛バリの項を読んだ。何度も読み返し傍線を引いた。私はそれまでエサ釣りだったので毛バリにはまったく関心がなかったが、日中の出来事と本の記述がまざまざと一致し、実感を伴って理解できた。

以来35年である。よく飽きもせず続けてきたものである。私はテンカラが好きだ。心底面白いと思う。四季折々の渓流、山のうつろい、美しい魚、集中している自分を俯瞰《ふかん》的に見ている自分、駆け引きの間合い、年齢や職業を越えたテンカラ仲間との語らい。それらのすべてが好きである。あの日の出会いがなかったら、私の人生は違ったものになったであろう。

テンカラでアメマス

アメマス（エゾイワナ）は中部地方から縁の遠い魚である。機会があってアメマスをねらったのは11月初旬、場所は北海道襟裳《えりも》岬と釧路の間の太平洋に流れるいくつかの河川である。アメマスは海と川を行き来しつつ巨大化するようで、最大で80㎝近くになるらしい。

この季節はサケとアメマスの卵をねらいにアメマスが集まるらしく、いる場所には無数の魚がいた。といっても目が慣れるまでは岩盤と同化した体色のためわからなかったが、一旦わかるとその数の多さに驚いた。あたかもタバコの煙がゆらめくようにうっすら紫の帯がゆらぐ。そのすべてがアメマスである。

毛バリはタングステン・ビーズヘッドでウエイトをつけたエッグフライ。さすがにこの季節、毛バリは何でもいいとはいかず、エッグフライでなければ反応しない。釣るのは簡単である。群れの中にエッグを落とす。ピンク色が消え、ラインが止まれば100%食っている。あとは力比べである。

最初は尺超えで感動したが、やがて40オーバーになり、50㎝を超えなければもの足りなくなった。その日1日で100尾は越えたと思う。ひたすら力比べの釣りになる。65オーバーを掛けたときには地面を釣ったようなもので10分のやりとりでもどうにもならず、2号のハリス切れで終わった。62・5㎝が最大であった。

ルアーよりもテンカラのほうに分があった。アメマスは群れをなし、上流を向いているため流れを横切るものまで追いかけないからだ。流れなりに流すほうが食いがいい。それにしても誰も持ち帰らない。北海道ではアメマスの地位は低いらしいが、中部地区や関東の魚なら幻のアメマスになっていたかもしれない。遠隔の地、それも北海道でよかったと思う。

5章 基礎編 テンカラの基本

俊敏な渓魚を相手に釣果を上げるためには、まず彼らの習性を知り、観察力を養うことが大切である。そのために必要なこと、さらに実践的なテクニックについて解説する。

渓流・流れの基本構造

渓流は上流部から源流域、渓流域、本流域に区分され、源流域は無数の沢と呼ばれる細流によって構成されている。本流に流れ込む川を支流と呼ぶ。また流れを形状によって淵、段落ち（落ち込み）、ツボ、瀬、さらに瀬を荒瀬、トロ瀬、チャラ瀬などと呼ぶが、これらの使い分けは釣り人の主観により多少異なる。これらのいずれもテンカラのフィールドとなる。

沢

このような細流ではキャスティングは不可能である。短い仕掛けの先に、エサの代わりに毛バリをつけた提灯テンカラになる。しかし、これをテンカラとは呼ばない。このような細流はテクニックもいらないいわば魚の避難所、保養所である。このような場所での釣りは控えたい。

源流域

両岸が切り立ち、落差の大きな流れが続く。ポイント（魚が出る：毛バリをくわえる場所）がはっきりしているので釣りやすい。ただし、先行者がある場合には苦戦する。先行者が川（岸）のどちら側を歩いたか、どこで渡ったかを判断し、毛バリを無駄に打たないようにする。木の枝がかぶる場所も多いので3.3mのサオに毛バリまで４ｍくらいの仕掛けが限界である。毛バリを失うことは覚悟したい。

渓流域

瀬や段落ち、淵が交互に連続する渓相である。頭上が開け、3.6mのサオに毛バリまで4.5～5.5mの仕掛けが軽快に振れる流域である。

渓流域はもっともテンカラの威力が発揮されるフィールドである。釣りやすいだけにエサ、ルアー、フライと大勢の釣り人が入れ替わり立ち代わり入り、テンカラのテクニックの有無で大きく釣果が違うことになる。

本流域

夏はアユ釣り場になるフィールドである。毛バリまで7～8mのロングラインが必要となる。川が大きい割に魚の数は少ないので、魚がつく場所を見極め、そのような場所を絞ってねらう必要がある。釣りきれないポイントには思わぬ大ものが潜んでいる。

本流域は日陰になる木などがないため、日中はほとんど釣りにならないので朝夕のマヅメが勝負となる。この川の規模では釣り下りでも魚への影響はない。

淵

淵の中でも大淵と呼ばれる場所である。大ものが潜む可能性が高い。大ものが定位するのは流れ込み（上流側・淵の入り口）に絞られ、ときどき淵をなわばり回遊するが、ほとんど底についているのでテンカラでは苦戦する。朝夕のマヅメどきにライズすることがあり、これが少ないチャンスだ。毛バリを静かにキャストした第１投が勝負である。

誘いは大ものに効果がない。中層にいる中小型サイズには誘いが有効なことが多い。

瀬

上流からの速い流れが白泡をつくり、次の瀬肩につながる典型的なポイントである。白泡の下にはたくさんの魚がついているが、白泡が消え、次の瀬肩にかけて流れがゆるくなったところは必ず出るといっていい。状況をみて釣り人がどちら側に立つことが多いかを考え、サオをだしにくいところをねらうようにする。

瀬は流れが速いだけにエサやルアーなどでは釣りきれない場所が無数にある。白泡の下をねらうには白泡の際に毛バリを止めておく止め釣りが有効である。

チャラ瀬

小石が連続するチャラ瀬は、大ものはつかない代わりに中小型の数釣りができる場所である。水深が浅いので食い気があれば第１投で出る。瀬の中の比較的大きな石まわりで白波が立つところがポイントになる。

チャラ瀬の魚は石を離れてまで毛バリを追わないので、石まわりをなめるようにして毛バリを流す。釣り人が身を隠す場所がないのでアプローチは慎重にする。釣り下りは絶対にダメである。

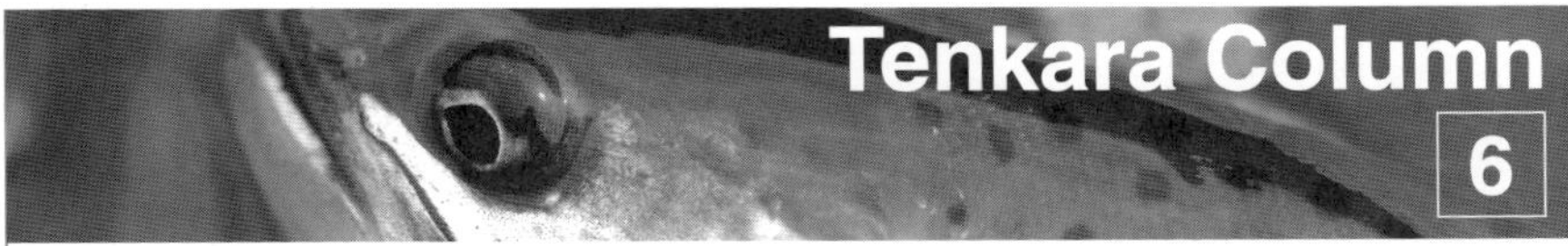

Tenkara Column 6

嫌われるテンカラ

管理釣り場は私のオフの楽しみであるが、テンカラ禁止のところが多い。オープン当初はOKでもなぜか禁止になってしまうのだ。長野県の某所もそうだった。オープン以来、オフはそこで楽しんできたが突然のテンカラ禁止。支配人に理由を聞いたところ、ルアーのお客さんから、テンカラは近くに寄ってきて毛バリをピチャピチャ叩くので迷惑という苦情があったかららしい。苦情があれば対処せざるを得ないのでその結果がテンカラ禁止である。

　また、エサ釣りと紛らわしいという理由をあげる場合もある。長いサオの先の提灯仕掛けに毛バリをつけて、それで大量に釣ったからという話も聞いた。今どきそんな釣りスタイルがあるだろうか。よしんば紛らわしければサオやラインのルールを決めればいいだけである。

　テンカラを禁止するのは、釣れすぎるので周囲からすれば面白くないからだと思う。ルアー、フライが混在する中でテンカラだけがバカバカ釣れれば気分のいいわけがない。しかしテンカラが釣れるから禁止にしてほしいとはいえないので、近くに寄ってきて……などの苦情になるのだ。

　管理釣り場の魚は、テンカラならではのクイクイと動く得体の知れないモノを見ることはまれである。ひっきりなしのルアーにはすぐにスレる。フライの動きもテンカラに比べたら地味だ。テンカラのクイクイとトリッキーに動く毛バリに「なんだ、なんだ」と競って食いつく。活性が高ければ2尾も3尾もアタックしてくる。

　毛バリに秘密があるわけでもない。ただ見慣れてないだけである。だから釣り場の全員がテンカラなら釣れないだけの話である。テンカラは少ないから禁止してもリスクはないという思惑もあるのだろう。共存の方策はあると思うのだが。

テンカラのドンデン返し

テンカラはエサ釣りには勝てない、ルアーにも勝てない、フライには渓流では勝てるが、フライのようにさまざまなフィールドへの対応力はない。魚を釣るならオモリをつけて魚の口の前に常食のエサを運ぶエサ釣りには絶対に勝てない。エサは常食の川虫が一番だが、食いが悪ければイクラやミミズといった魚を夢中にさせる臭いつきもある。これで釣れないわけがない。

　大ものを釣るならルアーである。近くも遠くも、深くも浅くも3次元を探れる機動力は最強のウエポンである。しかもルアーはその語源である「誘惑する」ような生易しいものではなく、魚を夢中にさせるのだ。エサでも釣れない、テンカラで毛バリを引こうが叩こうがまったく反応しない魚に、ルアーの1投で魚は狂ったようになる。そういう場面に何度も遭遇すると、つくづくルアーには勝てないと思う。

　オモリのないテンカラは水面か水面直下の釣りにならざるを得ない。昔は「ひと跳ね三十」と言った。魚がパシッとライズしたその下には30尾の魚がいるという意味である。魚が少なくなった今でもひと跳ね10尾くらいはいるかもしれない。つまりテンカラは水面のエサに関心がある魚を相手にする釣りなのだ。その下には水面に関心のない魚がたくさんいるが、それはエサ釣りの対象である。

　ところが突然、エサではかすりもしないのにテンカラでは爆釣ということがある。そんな日はシーズン通して稀である。ましてやサンデーアングラーにはハレー彗星の周期のようなものだ。つまり、エサ釣りに「どうだ、まいったか」と思い知らせる日があるのだ。

　「越後屋お前も悪じゃのぉ」の代官に、黄門さまが葵のご紋を出したようなドンデン返しの快感がテンカラにはある。じっと辛抱の苦しみの日々の先には、いいこともあるんだよという、人生の導きみたいなのがテンカラである。

ポイントの見方

写真は私がこの流れの中で、ここで出ると判断するポイントである。◎はアマゴ・ヤマメ、○はイワナのポイントである。×は初心者が判断するポイントである。たった10mあまりの流れであるがこれだけポイントがあると考える。ポイントの見方としては次の3つである。

① 石あるいは底石がエゴ（エグレ）をつくり、身を隠す場所がある（安全）。

② そこに向かってエサが流れてくる（動かなくてもエサがとれる）。

③ 流れの速度が人が陸上で歩く速さの半分程度である（適正流速）。

こういう条件の場所は無数にあり、そこには魚がついている。なぜなら昼間、まったくアタリがなかった場所でも夕マヅメになると、こんなとこにもいるのかと驚くような場所でライズが起きるからである。つまり、いないのではなく出ないだけである。

（ライズ＝魚が水面を含む表層でエサを捕食したとき水面にできる波紋、しぶき）

×は初心者が判断するポイントである。誰でもわかる典型的なポイントや、過去に実績のあった流れ（シチュエーション）に近いポイントしか打たない。写真の流れならせいぜい4ヵ所程度であろう。そこを打って出なければ「このあたりは出ない」と判断してしまう。圧倒的にねらうポイントの数が違う。実際には「え？そんなところまで打つ？」というところも打つ。当然、出る魚の数はケタ違いである。私の場合、これだけのポイントを効率よく打つために次の3つを心がけている。

①1つのポイントをせいぜい3投で判断する。

②長い距離を流さない。

③移動しない。その立ち位置で身体の向きを変えるだけで打てるポイントはすべて打つ。

○がイワナのポイントである。イワナは岩魚と書くように石につく。目の位置も上から落ちてくるエサを見つけやすいようにアマゴ・ヤマメより頭の上部についている。アマゴ・ヤマメにくらべて遊泳力がないため、石から離れて遠くまで毛バリを追ったり、流れの強い流心に出て毛バリを追うことは少ない。このためポイントはアマゴ・ヤマメより下流部の流れがゆるいところになる。

テクニックとしては石の際をなめるようにして流す。あるいは石の横で毛バリを止める、石の下に潜り込むように毛バリを沈めて流すのがイワナねらいのコツである。ただし、これは混生域の場合であってイワナ域では積極的に流心に出ることもあり、さらにスレた場所ではアマゴやヤマメと間違うような鋭い出方をすることもある。

アマゴ・ヤマメの目は頭の横についており、視野が広くイワナよりも広範囲のエサを見つけることができる。細身、流線体型で遊泳力が高く、イワナより流れの強いところに定位する。流心でライズするのはほとんどアマゴ・ヤマメである。イワナに比べて石につく割合は少なく流下するエサを追う距離も長い。誘いをかけると激しく反応する。写真の場所でもイワナより上流部に定位する。イワナより長い距離を流したり、瀬や瀬脇などを流れなりに流すのがテクニックになるが、混生域ではどちらが釣れるかわからない以上、テクニックをとくに変えるということはない。

振り込みの前にアプローチに気をつける

元来、人を見ることがない深山幽谷の渓流魚はまったく警戒心がなく、石を落とすなど、よほどのことがなければ人を見て逃げることはない。しかし現在ではそのような場所はまずないといっていいだろう。解禁から禁漁まで連日釣り人を見ない日はない昨今、警戒心が強く神経質になっている魚をいかに警戒させずに釣るか、そのテクニックを身につけなければいい釣りはできない。

釣る人、釣れない人の違いはアプローチの違いにもある。警戒させ、追い込んでからその魚を釣ろうとしてもダメなのだ。その点に無頓着な人が意外に多い。

魚に警戒されない釣り人の行動

●猫足で歩く

釣れない人に共通しているのは歩き方が荒いことである。ガツガツと音を立てて歩いたり、バシャバシャ水しぶきをあげて歩く。魚は振動に敏感である。河原の石のゴツゴツこすれる音（振動）は水の中まで伝わる。水の中なら石のこすれる音はなおさらである。

止水の場合では特に敏感である。以前、止水堰堤下のたまりのイワナを観察したことがあった。のぞいている石の下にエグレがあって、無数のイワナが出入りしている。多少、頭が動いた程度では驚くようすはない。やがて下流から1人のフライフィッシャーが上がってきて石の上に立ったとたん、サッとすべてのイワナがエグレに入り込んだのだ。その距離は15m以上あり、イワナから人の姿が見える距離ではない。石を通して振動が伝わったのだ。それくらい敏感である。

大石などの身を隠せるものがあるときは積極的に利用する

歩き方に気をつけよう。河原から水辺に近づくとき、水の中を歩くときには猫足で歩くようにする。足先をゆっくり引きぬくような音を立てない静かな動きで、太極拳をイメージした歩き方である。さらに岸に上がれるようならなるべく上がり、川通し（川の中を歩き続けること）しないほうがいい。面倒であるが水の中をできるだけ歩かないようにするのも釣果を上げるコツである。ただ、川幅が広い渓流や、荒瀬などを移動する場合には流れが音を消してしまうのでそれほど神経質になることはない。

また、登山靴のように底が固いウエーディングシューズの場合、ガツガツと音が大きくなる。底のフェルトが石や岩を感じるような底の柔らかいシューズを薦めたい。たかがシューズであるが安全だけでなく、釣果にも直結しているのである。

●ゆっくり立ち上がる

渓流魚はサッと立ち上がる急な動きに対して警戒する。ゆっくり動くものには無警戒である。おそらく天敵である鳥などが急な動きをするからだろう。したがって不意に立ち上がらないこと、ゆっくり時間をかけて立ち上がるのがコツである。また影を見せないことも大事である。常に太陽の位置を考え、自分の影やサオの動きで警戒させないことにも気を配りたい。しかし、荒瀬や白泡で自分の動きがカムフラージュされる場所ではそれほど神経質になることはない。

●石や岩に隠れてキャストする

フラットな流れでは姿勢を低くしてにじり寄るように接近する。立ったままドカドカと近寄ることはタブーである。石や岩があればそれに隠れるようにする。本当に神経質な魚の中にはサオの動きだけでも逃げ込むのがいる。そういうのはまず大ものである。警戒心が強いからこそ生き残ったのだ。そのような場合にはキャスティングの前に水面にサオをだしてはダメである。サオは後方に倒しておき、座ったままの姿勢で1投でキャストする。反応しなければふたたびサオを後ろに倒し、しばらく間をおいて1投する。それくらい神経質なキャスティングで初めてものにすることができる。

フライではラインを伸ばすために数回フォルスキャストしてからキャストするが、敏感な魚はラインの動きで警戒してしまう。テンカラではフォルスキャストは必要ない。1投でポイントに毛バリを落とそう。

●釣り上がる

渓流釣りの原則は釣り上がりである。なぜならほとんどの魚は上流を向いているからだ。いかに視野が広い魚といえども下流からのアプローチは死角になる。釣り下りでは上流を向いている魚に姿（影）をさらすことになるので警戒される。さらに釣り下りの場合では使えるテクニックが限定されることもあり、それも釣果が伸びない理由の一つとなる。

ただし、本流域の場合はほとんど影響しない。立ち込んだままで流れにまかせて釣り下るのは疲労も少ないので、釣り下りを薦める人もいる。

本来、渓流釣りでは釣り上がりが暗黙のルールである。お互いが釣り上がれば一定の間があくのでその間魚の警戒心も少なくなるからだ。ところが渓流でもルアーが増えた。ルアーの場合は釣り下りが多くバッティングすることがある。ぜひ釣り上がってほしいものである。

●できるだけ離れてキャストする

サオ先の届く範囲の魚には、自分の存在はすべて気づかれていると思ったほうがいい。夕マヅメの暗くなる寸前には足元で釣れることもあるが、そのようなことは稀である。ラインを短くしてテンカラのように使うフライフィッシャーがいるが、サオが短いため足元を釣らざるを得ず、ポイントに近づきすぎてしまう。そのような釣り方ならテンカラにすればいいのにと思うのだが。

できるだけ遠くからキャスティングするようにしよう。だからといって無理にラインを長くして、かえってコントロールがつかないようでは「下手の長ザオならぬ長ライン」となる。最低限の短いラインにして正確なキャスティングを優先し、なおかつポイントに近づきすぎない距離感を身につけたい。

渓流では下流から上流側に探っていく釣り上がりが基本

ポイントにはむやみに近づかず、なるべく遠くから静かにアプローチすることを心がける

こうすれば釣れる
渓魚が食うまでのシミュレーション

●毛バリに出る流れは秒速40～50㎝

ポイント（魚が出る：毛バリをくわえる場所）を予測することが大事である。渓流の流れ方や深さ、石の状態は一様ではないのでひとことではいえないが、魚が毛バリ（エサ）をくわえる流れの速度（適正流速）は秒速で40～50㎝である。歩く速さの半分くらいの比較的ゆっくりした流れで毛バリをくわえる。これはアマゴ・ヤマメ、イワナも同じである。おそらくこれくらいの速度がエサをとらえやすく食い損ねが少ないからだろう。

だからそのような流れの位置で出ると予測し、ではそこに毛バリが流れるためにはどこに毛バリを落とせばよいか事前にシミュレーションする。これを事前にするか、あてずっぽうに毛バリを打つかでは釣果に大きな違いが出る。事前にシミュレーションすることでその正誤もわかる。あそこに毛バリを落とせばここで出るという因果関係の蓄積が釣れるテンカラにつながるからである。よく「魚に教えてもらえ」と言うが、それには自分がこうしたら魚はこう出たという因果関係を整理することでもある。よく釣るという人は落とす場所と出る場所の組み立てがうまい。

●第1投を大事にする

食い気があり、毛バリの落とす位置や流れ方がよければ魚はまず第1投で出る。水深が腰くらいの深さまでなら、とっくに毛バリに気づいているからだ。だから第1投を大事にする。何気なく打った毛バリに突然出て、不意打ちをくらってアワセもできないことも多い。魚の先手をとるにはこちら側に余裕が必要である。

私は3投で判断している。第1投で出ない場合、さらに第2投、第3投を打つが、毛バリを落とす位置、流れるコースなどを若干変えてみる。ほんの少し流れるコースが違うだけで出ることがある。それでも出ない場合、さらに打つかは状況次第である。粘るか、見切るかの判断は活性があるかないかで判断している。活性があればサッと見切って次のポイントをねらう。活性がないと判断した場合には誘う、沈めるなどのテクニックを使う。

ただし、活性のあるなしは後述するようにほとんど水温で決まるのでそのエリア（渓流）全体が同じ状況になる。活性がなければ同行者の毛バリにも反応はない。そういう場合は時間を置くなどで対処し、無駄に打たないほうがいい。

●どこにでも打ってみるが、見切りを早く

魚の大小を問わなければ魚は底石があり、したがって隠れる場所があればどこにでもいると思ったほうがいい。なぜなら昼間はまったく反応がなく、ここには魚がいないのではという場所でも夕マヅメになればボイルするようなライズが始まり、魚が列をなしていることも珍しくないからだ。魚にも都合があって毛バリに出ないだけである。

だから、そこなら誰でもわかるという1

水深のある大淵（上）や川底が丸見えの浅いチャラ瀬（下）では、明るい時間帯に毛バリで釣果をあげることは難しい。しかし夕マヅメなど時間帯によっては一転して活性が高まることもある

級ポイントだけでなく、「え！　そんなところ？」という誰も打たないポイントにも打ってみる。そして魚の反応を見る。2級、3級ポイントで出るか、出ないかでそのときの活性がわかるからだ。2級、3級ポイントでも出るようなら、こまめにポイントを打っていけば釣果は上がる。反応がない場合、そのようなポイントを打つのはムダ打ちになる。ここぞという1級ポイントに的を絞ったほうがいい。2級、3級ポイントはマヅメにとっておけば効率的である。

初心者を見ていると見切りが悪い。そこでは出ないのにというポイントでも繰り返し打つ。出るかもという気持ちが見切りを悪くする。

私は出ないからといって粘らない。なぜならポイントは無数にあるからだ。次のポイントではその毛バリを待っている魚がいる。粘れば出るかもしれない魚を相手にするより、待っている魚を相手にするほうがはるかに効率がいい。テンカラは効率の釣り。それを活かさない手はない。

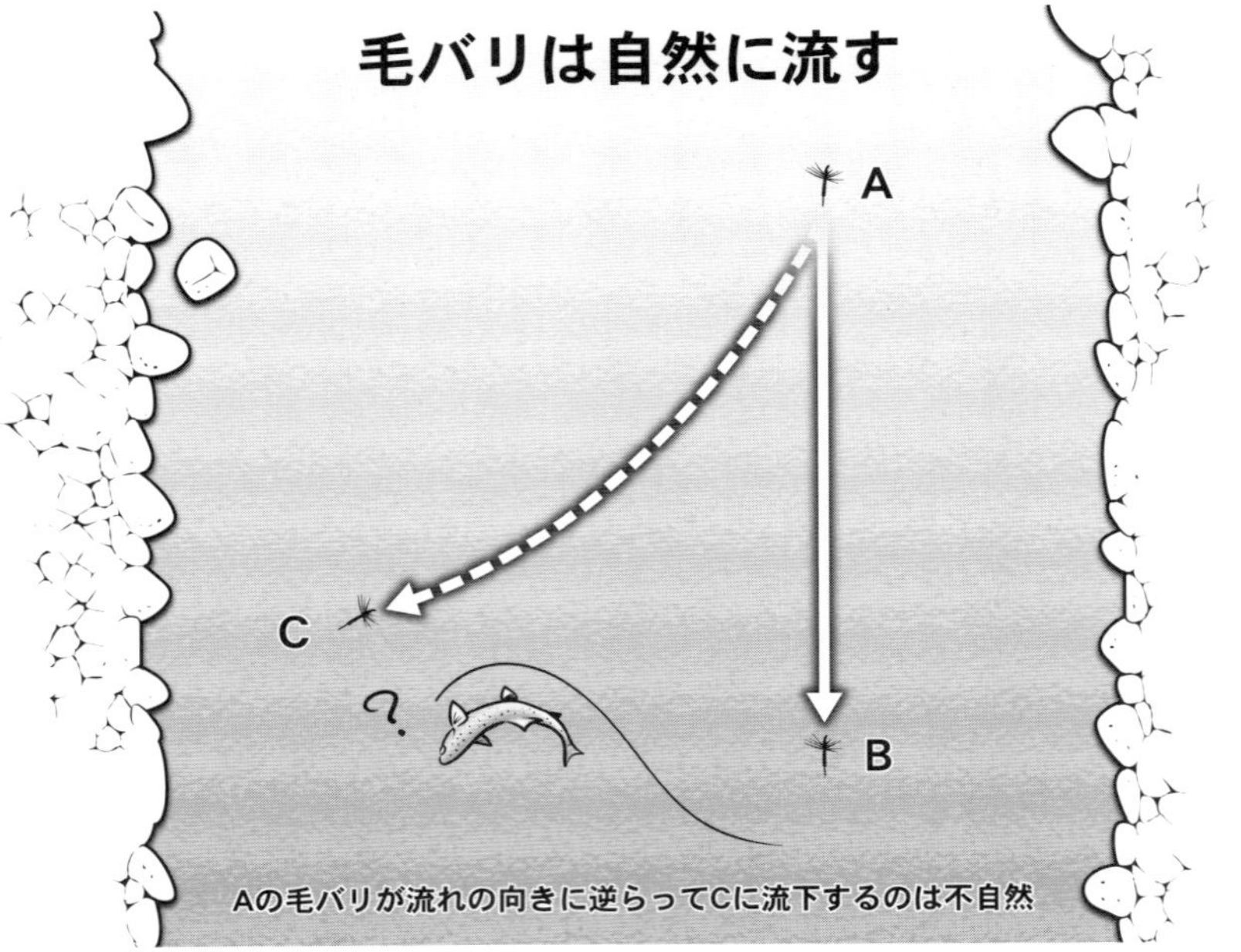
毛バリは自然に流す
A
B
C
?
Aの毛バリが流れの向きに逆らってCに流下するのは不自然

よく釣れる基本のテクニック

●毛バリは自然に流す

毛バリは流れなりに流すのが基本である。沈むようであれば沈めればいい。

魚は毛バリが偽物であることはわかっていない。口にくわえて違う！と初めてわかる。もちろん何度もねらわれ、逃げ切ってきた百戦錬磨の魚の中には毛バリを見ただけでエサではないとわかるのもいるが、これは例外である。

毛バリの流れ方や動き方でエサではないことがわかる。魚はエサを捕るのが仕事なので、エサの動きは熟知している。図のようにAのエサがBに来ることはわかっている。このように流れる毛バリは違和感なくくわえる。待ち構えてくわえるもの、毛バリを追尾して反転してくわえるもの、そのパターンはさまざまである。

しかし、Aに来るはずの毛バリがCに流れるような動きは不自然である。魚はそれ

毛バリは流れなりに自然に流すのが基本

が本物の虫の動きではないことがわかる。このような不自然な動きに対しては追尾を止め、直前でUターンするか、ピシャッと飛沫を上げて毛バリをはたくような激しい出方をする。これは合わせても合わないことがほとんどである。

あるいは、エサではない不審な動きをするものに対する警戒、威嚇《いかく》の行動かもしれない。一瞬なのでわからないが、実は口を使わず尻尾ではたいているかもしれない。体側や尻尾に掛かるのはこのような出方をしたときが多い。アワセをしたのに掛からないと「アワセが悪かった」と思うが、それ以前に魚が自然にくわえるように流さなかったことに原因がある。

●食い波に毛バリを入れる

自然に流すといっても毛バリは食い波に入れなければならない。魚は食い波に乗って流れるエサを捕食しているからだ。底石の状態などによって水流は常に複雑な流れをするが、流れにはエサが沈み込むものと浮く流れがある。沈み込む流れが食い波で

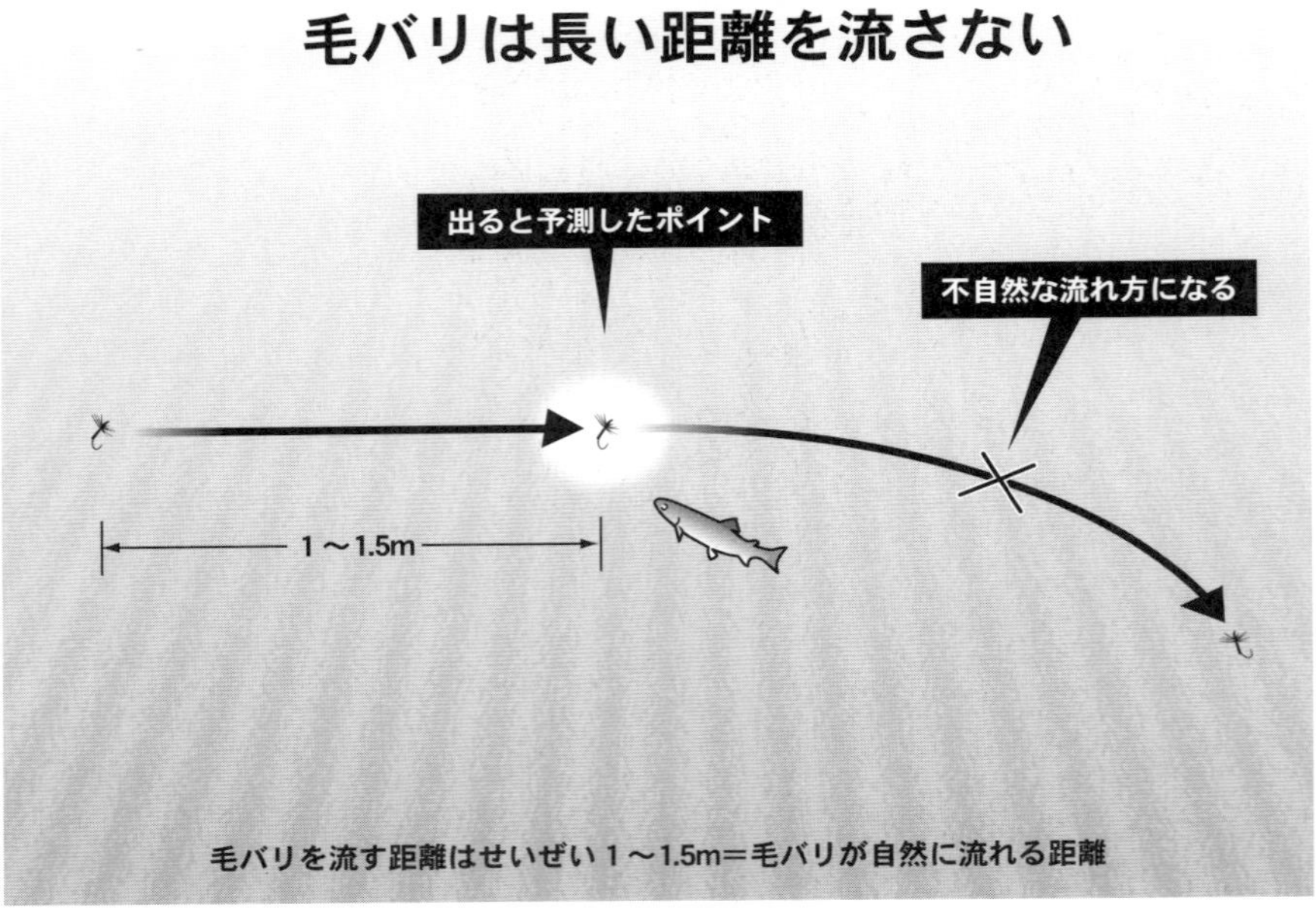
毛バリは長い距離を流さない
出ると予測したポイント
不自然な流れ方になる
1～1.5m
毛バリを流す距離はせいぜい1～1.5m＝毛バリが自然に流れる距離

ある。

水の流れをよく見てみよう。流れは常に変化しているので、食い波だった流れが次には浮き波に変わっていることもある。

食い波かどうかは慣れてくればわかるが、慣れるまでは毛バリで確認しよう。打ったらラインをたるませてみる。毛バリがスッと沈むようなら食い波、沈まないなら浮き波に乗っている。ただし、エサ釣りでは深く沈めるので食い波を見る目が大事になるが、テンカラではほとんど沈めず、また誘いも掛けるのでそれほど神経質になることはない。

後述するように沈めて流す場合には、食い波に入れるようにするのがコツになる。

●長い距離を流さない

毛バリが流れなりに流れる距離は意外に短い。毛バリはサオとラインに吊られているからだ。長く流せば流すほどラインに吊られた毛バリの動きは不自然になる。初心者の場合、流す距離が長すぎる。とくにエサ釣り経験者は長い。自然に流れる距離は

水面直下の流し方

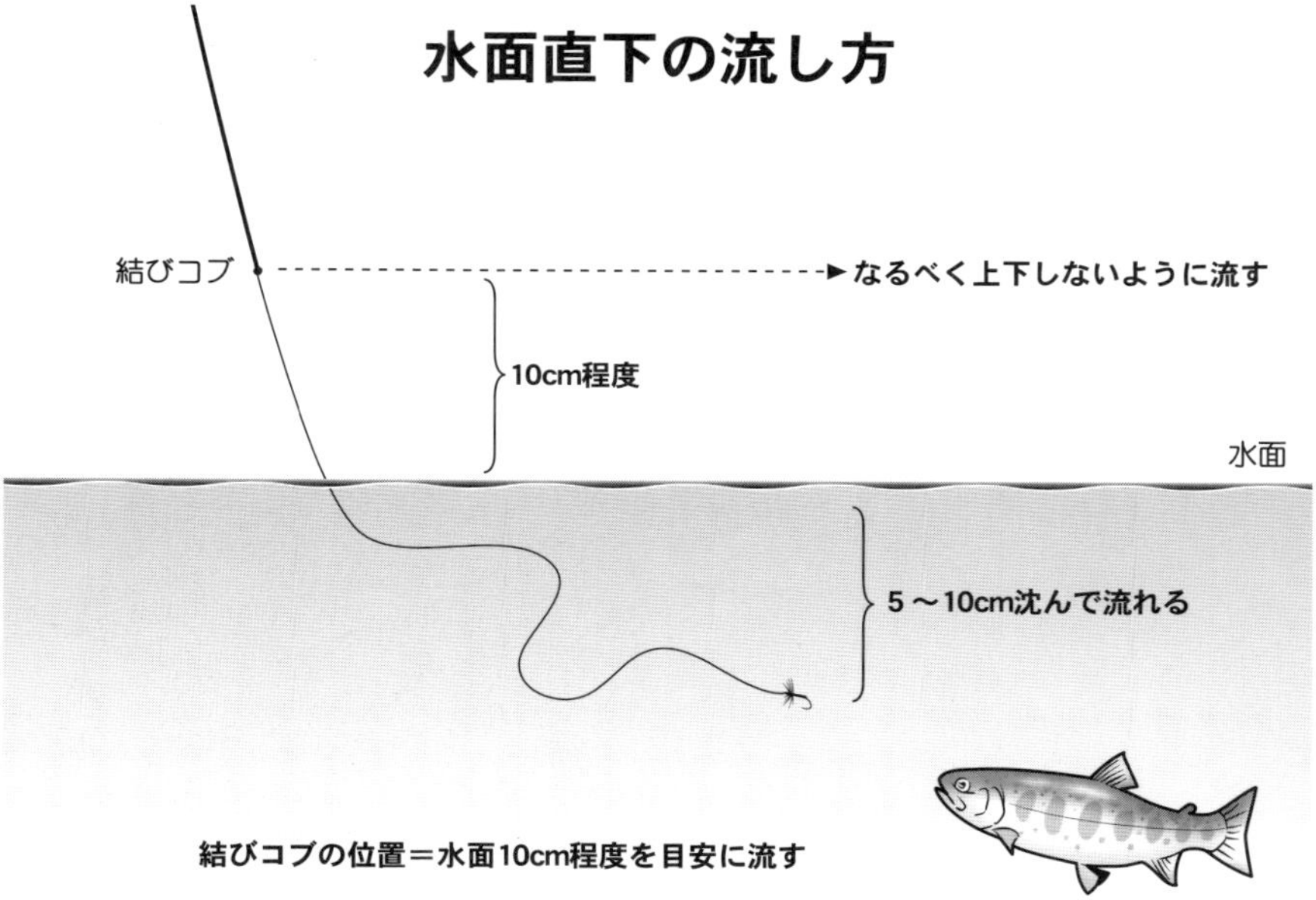

結びコブの位置＝水面10cm程度を目安に流す

流れの速度、深さなどさまざまな条件で異なるので一様ではないが、せいぜい1～1・5m程度である。それくらい流れたらすぐにピックアップし、次のキャスティングに移る。

つまり、ここで出ると予想したポイントだけをねらう。長い距離を流していると別のポイントから魚が出ることがあるが、流れ方が不自然なので出方も荒くアワセも利かない。

●水面直下の魚を釣る

テンカラの面白いところは、魚がバシャンと水面まで出た瞬間を掛けるスリルである。フライのドライフライは魚を水面に出して釣る方法であり、バシャと出るので好む人が多い。ところが釣り人が頻繁に入る渓流ではスレてしまい水面まで出る魚は少ないし、先行者がいれば警戒して水面まで出なくなる。

魚にしてみれば水面に姿をさらせば鳥などの天敵から襲われる危険がある。それよりも水中のエサを捕ったほうが安全であ

ねらった魚（ポイント）と釣り人の位置関係

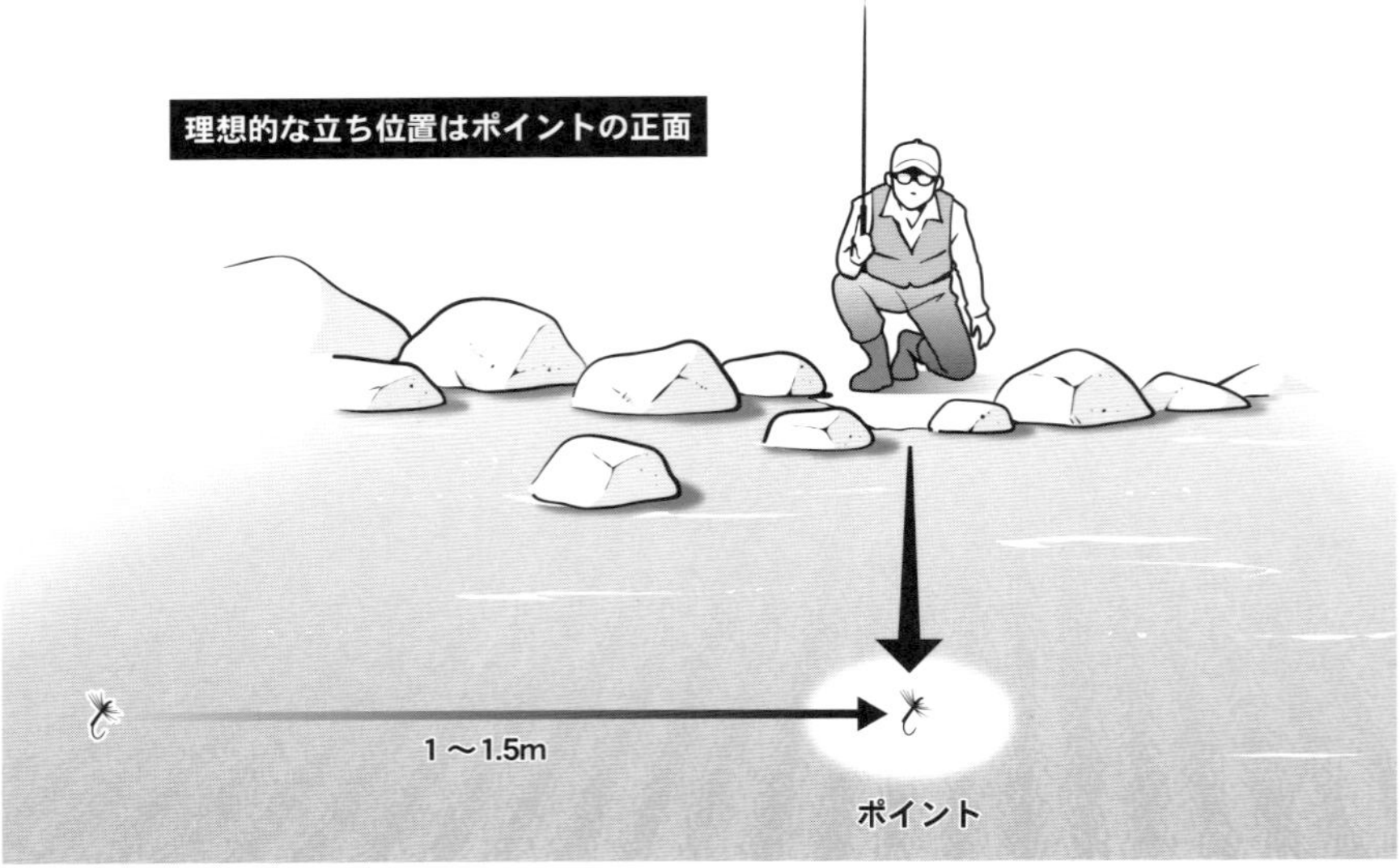

る。そのため毛バリを浮かせるよりも、やや沈めて流したほうが魚の食いはいい。

水面直下を流すにはラインとハリスの結びコブが水面に出るか出ないか、せいぜい水面より10㎝程度上を流れるように流す。結びコブが上下しないようにサオの高さを一定にする、そうすると毛バリは水面下5～10㎝を流れることになり、水面に出ない魚も釣ることができる。コツは水の流れよりも遅く流すこと。ジリジリ流れるイメージである。このテクニックは水面に出ない魚を釣るのに有効である。

●立ち位置はポイントの正面

毛バリが自然に流れ、魚の出方、反応やラインの動きを見やすい立ち位置はポイントの正面である。ここで出ると予測したポイントの正面に立ち、1～1・5m上に毛バリを落としてポイントまで流れなりに流す。このような流れ方には魚はゆっくり出て、ゆっくり毛バリをくわえることが多い。毛バリの位置、魚の出方を見て合わせることができる理想的なポジションである。

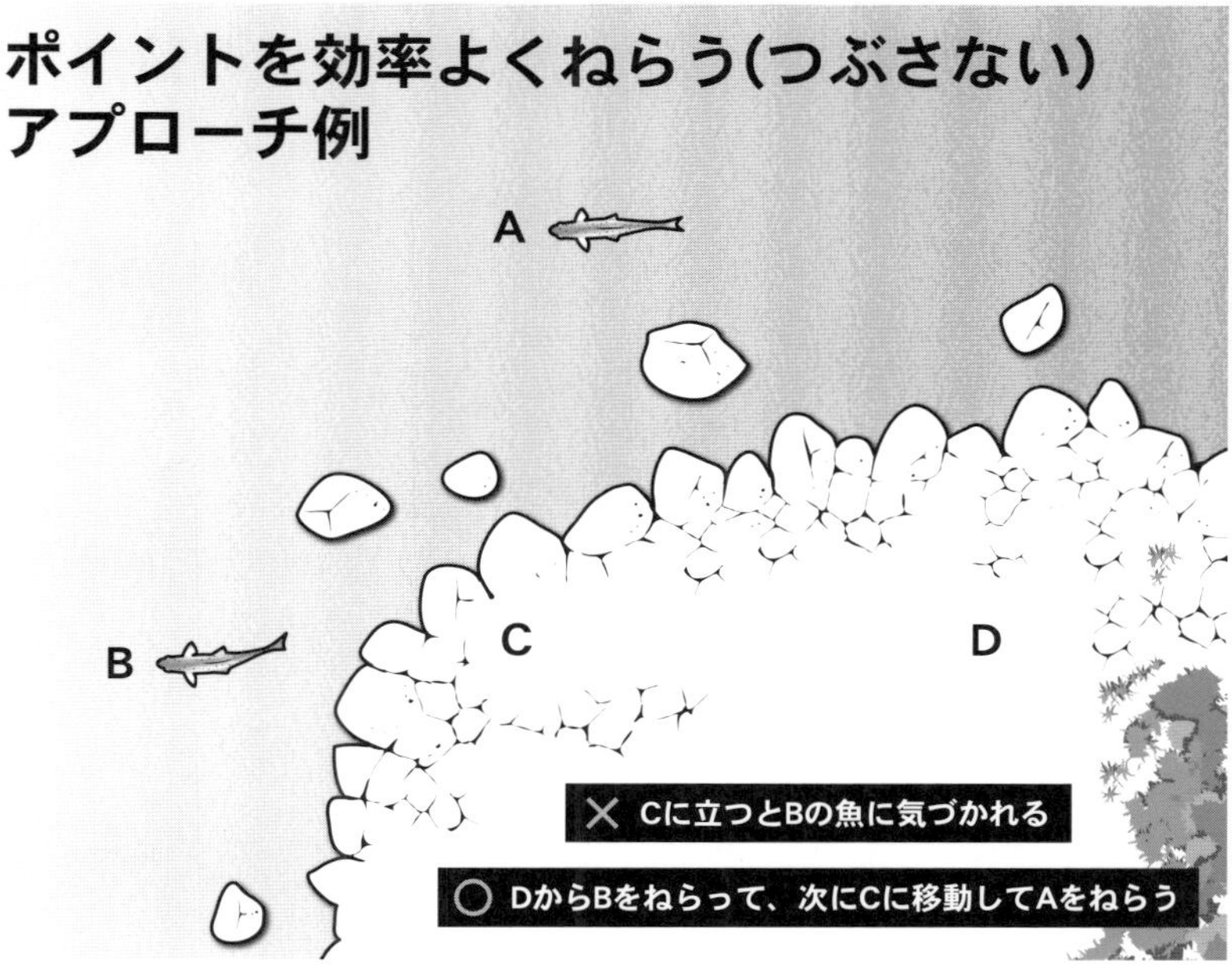
ポイントを効率よくねらう(つぶさない)
アプローチ例
A
B
C
D
× Cに立つとBの魚に気づかれる
○ DからBをねらって、次にCに移動してAをねらう

もちろん、このような理想的なポジションに立てることは実際には稀である。ほとんどは斜めから、真後ろから、下流などからのキャスティングを余儀なくされる。しかし常に毛バリが自然に流れるにはどこに立てばいいか、自然に流れるにはどこまで流せばいいかを事前にシミュレーションしてからキャスティングすれば釣果は大きく違ってくる。慣れてしまえば身体が覚えるので、自然にその条件のベストのポジションに立てるようになる。

●どこから打てばいいか考える

ポイントが連続する場合、無数のポイントをムダなく打つためにその付近全体をまずざっと眺めてみよう。「上流のどこで徒渉すればいいか」「あそこで渡れる」「右岸は木があるので振れない。あそこは左岸からねらおう」などと事前にシミュレーションしておくことが大事である。

たとえば図のような連続するポイントの場合、下流のポイントからねらうのが原則であるが、Aをねらうために不用意にCに

下流に毛バリを流すときのサオ操作

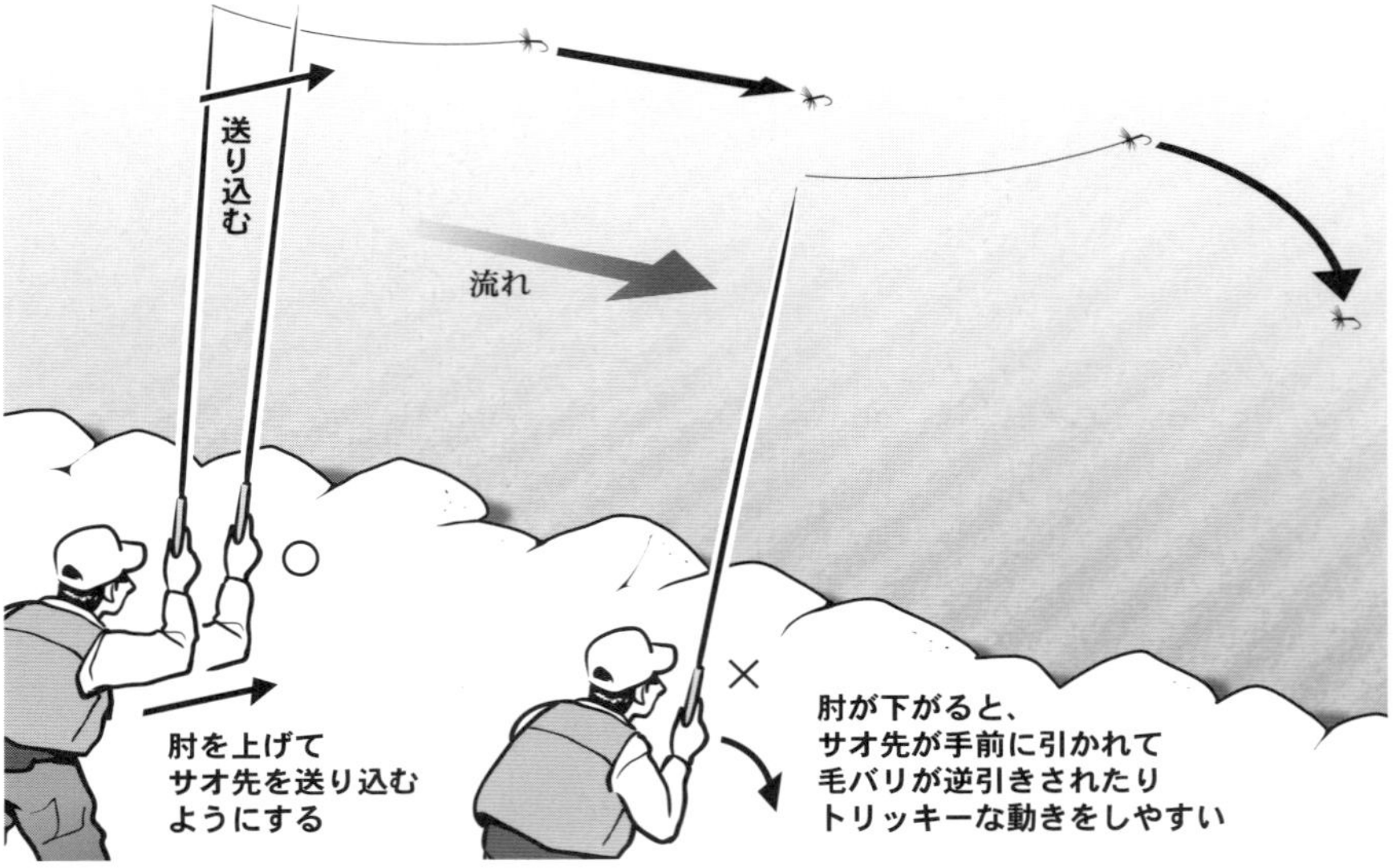
送り込む
流れ
肘を上げて
サオ先を送り込む
ようにする
肘が下がると、
サオ先が手前に引かれて
毛バリが逆引きされたり
トリッキーな動きをしやすい

立ってしまうとBの魚に気づかれてしまう。この場合、Dの位置から先にBを釣り、次にCに移りAをねらうようにする。この順序を考えないと魚を警戒させてからその魚を釣ることになるからだ。

●サオの操作で自然に流す

状況によっては上流側から下流に毛バリを流さざるを得ないことも多い。下流に毛バリを流すとき、サオの操作で長い距離を自然に流すこともできる。図のように肘を上げ、サオ先を送り込む動作で毛バリを流れなりに並行移動させる。毛バリが流れを横切るようになったらピックアップする。このような細かい操作であるが、この動きをマスターすれば下流の魚を警戒心なく掛けることができる。

肘が下がり、肘が回転の中心になると毛バリは肘を中心として円を描き、毛バリが手前に引き寄せられる。魚は引かれた毛バリがカケアガリに向かうのを最も警戒する。（カケアガリ＝深場から浅場に向かう斜面状の川底。岸近くにあることが多い）

下流側に毛バリを流し込む。さらに送りこみたい場合はここから肘を上げて毛バリが自然に流れる距離を稼ぐ

アワセは遅アワセで

アワセは「出た!」のを見てちょっと間をおけばほとんど合うが、魚が見えるだけに戸惑いも多い。アワセをわかりやすく解説する。

●条件次第では最短0・2秒で離す

自然に流すということはサオとラインで毛バリを吊らない(ラインを張らない)ことでもある。ラインやハリスが緩めば毛バリは自然に沈む。魚は毛バリをくわえて、違和感があれば吐き出す。ハリスが緩んでいれば長い場合には2秒も3秒もくわえていることがある。

実際の釣りではアワセをするので、魚にとっては毛バリの違和感よりも先に、アワセによってハリスに引っ張られる刺激で反射的に口をあける。アマゴが違和感を覚えて離すまでの最短時間はわずか0・2秒である。これは今から26年前に私の検証実験から得たもので、NHKが当時の最新技術を駆使してスローモーションで撮影し、当時の人気番組「ウルトラアイ」で放送した。

つまり、アマゴの場合、毛バリを離すまでの最短時間は0・2秒であり、これがよくいう電光石火とか瞬く間の時間である。まばたきは0・3秒程度なのでそれよりも速い。巷間いわれるようにアマゴ・ヤマメは確かに俊敏である。

では、これに負けまいと魚の出を見て合わせ、実際に毛バリが動き出すまでのタイムラグは0・3秒である。つまりアマゴの最短時間と勝負しても勝ち目がないことになる。これが手にコツッと来て「あ！」と思って合わせても間に合わない理由である。コツッは離したときだからだ。

ちなみに同時に測定したニジマスやイワナの最短時間はもっと長く、ニジマスは0・4秒程度、イワナは0・5秒程度であった。イワナやニジマスはアマゴより長い間くわえている。それだけ釣りやすい魚であることがわかる。

●ハリスを張って流さない

先の話の結論は、つまり魚の最短時間と勝負しないことである。それにはハリスを張らずに緩めて流せばいい。そうすればハリスに引っ張られるまで魚は毛バリをくわえているのである。毛バリをハリスで吊って毛バリを浮いた状態にすると、くわえてもパッと毛バリを離してしまう。吊られた毛バリの流れ方は不自然になるので、魚も警戒して出て、くわえてもパッと離す。「あ！出た」と合わせても間に合わない。

初心者の頃の私は、毛バリをよく見ようと毛バリを水面に浮かせてハリスで吊るようにして流していた。水面に波紋が出るので、毛バリのありかがわかるからだ。このような状態の毛バリに出るアマゴはことごとく速い。一瞬、水面にバシャと出る。「あ！出た」と思ってもアワセ遅れである。だからもっと早く合わせなければと目を皿のようにして構えていた。早アワセこそテンカラのアワセだと思っていた。

今思えば、教えてくれる人もなく、映像もない時代にはそう思うのも不思議ではなかった。つまり、より難しいアワセをしようとしていたのだ。

●食ってないのもいる

魚が水面を割って出たり、水中でキラッとしたりするのは一瞬なので本当に毛バリを食ったかどうかわからない。初心者の頃は出たのは全部くわえていると思ってしまうが、実際はくわえていないことも多いのだ。くわえなければ合うはずもない。

慣れてくると一瞬のうちにも食った、食わないがわかるようになり、食わないのには合わせない余裕もできる。食っていない代表的なのは、毛バリの近くでひっくり返るように反転するものである。毛バリを叩くようにも見える。不審なものへの警戒、威嚇行為かもしれない。

スレた魚の中には毛バリがエサではないことがわかっていて、ハックルだけをつまむのがいる。「また毛バリか！　わかってるよウルサイ」とでも言うかのように。これは管理釣り場とかC&R区間で毛バリを見切っている魚に見られる行動である。一

ハリスと魚がハリをくわえている時間の関係

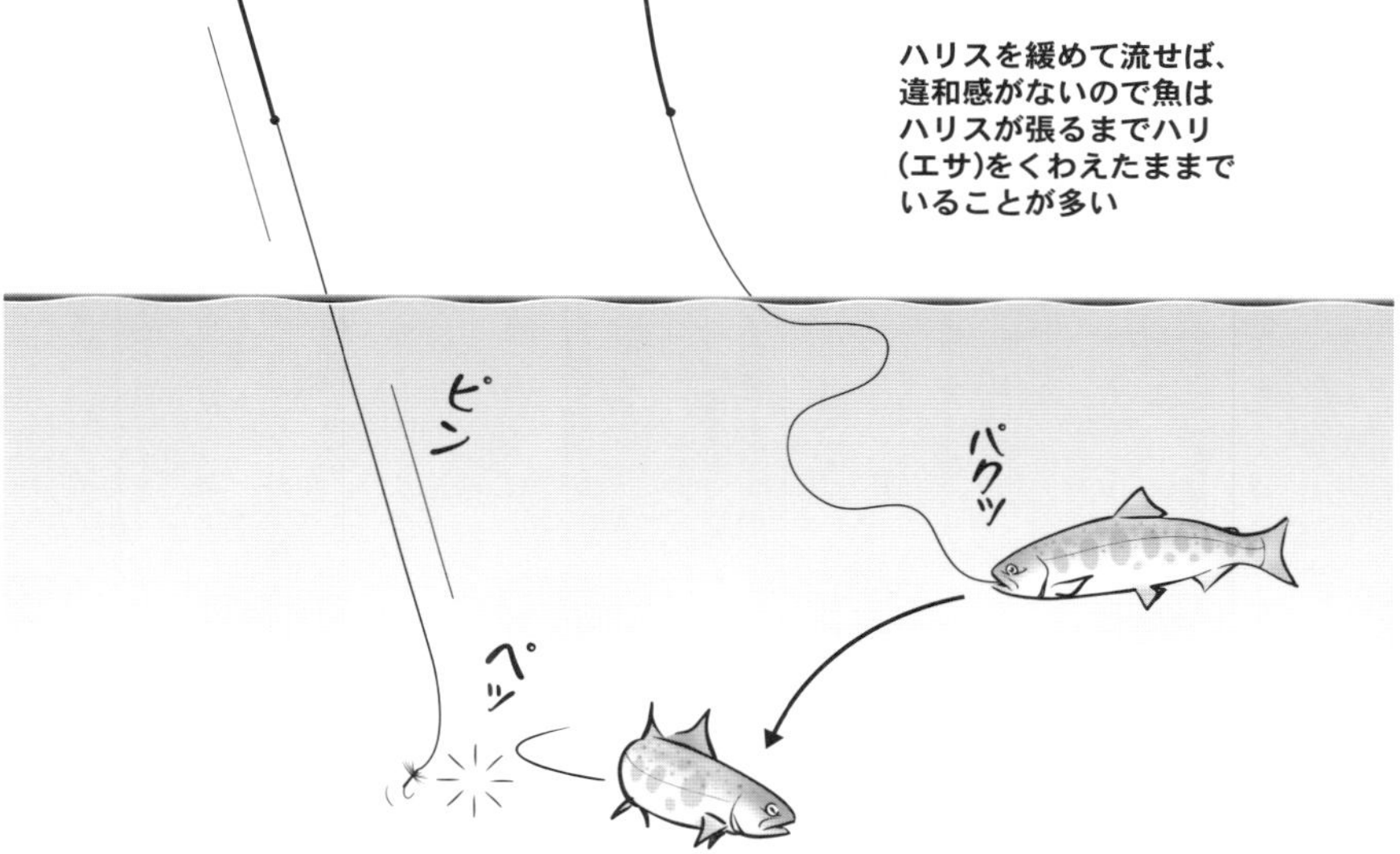
ハリスを緩めて流せば、
違和感がないので魚は
ハリスが張るまでハリ
(エサ)をくわえたままで
いることが多い
ピン
パクッ
ペッ

毛バリが水面下にあっても、ラインの周辺を見ていればその変化でアタリがわかるようになる

瞬パッとハックルだけつまんで吐き出す。最初からわかっていて端っこだけくわえているのかもしれない。手のない魚は口でするしかないからだ。もちろんこういう魚は釣れない。

●間をおいて合わせる

すでに述べたようにハリスを緩めておけばハリスが張るまで離さないので合わせは遅アワセが正解である。しかも確率が高い合わせができる。「出た！」と思ったら、ちょっと間をおいて合わせる。この間は「出た！」のあとに「うん」と言ってから合わせる程度の間合いである。このタイミングが一番確率が高い。一呼吸とか、魚にお辞儀してなどの間合いの表現もあるが、実際に一呼吸したりお辞儀するわけではなく取り方の表現である。

一番ダメなのは「出たぁ！」の「ぁ」と同時に合わせてしまうことである。これは初心者に多い。びっくりして合わせてしまう「びっくりアワセ」である。ほとんど掛からないことと、大アワセ、強いアワセになっているのでハリス切れもしばしば起きる。お化けが出たわけではないのであわてることはない。

出た魚のすべてを掛けることはできない。魚の出方に応じてこちらのアワセをその都度変えないことである。アマゴだから、イワナだからとアワセを変える必要はない。混生域ならそれがアマゴかイワナかはわからないからだ。「出た！」「うん」で合う魚だけを釣ればいい。大きな魚ほどゆっくりである。大ものは毛バリをくわえ、沈んだのを見て「よし食った！」程度の遅アワセでちょうどいい。

●予測しておく

魚の後手に回らないことである。そのためにはここで出ると予測してあらかじめ待ち構えていることだ。予測なしに不意をくらってしまうと、「出たぁ」と早アワセや大アワセになる。取り込みの途中にバレることもあるが、これもだいたいはアワセが早いのが原因である。口先だけに掛かっていたり、ハリ掛かりの位置が悪くて途中でバレてしまうのだ。がっぷり食った場合には上アゴにしっかりハリ掛かりしているか、口の奥に掛かっている。

バラシが多発することがある。アワセはいい。しかし途中でバレる場合にはハリ先を点検しよう。石に当たったり、ブッシュに掛けたりして思いのほかハリ先はなまっている。爪にハリを立て、引いてチェックする。爪に刺さらずすべる場合には甘くなっているので交換するか、ハリ先を砥ぐようにしよう。

●誘いは二の次

誘いはいつかけるのかという質問がよくある。基本は自然に流し、それでも出ない場合に誘いをかけるのがいい。誘いをかけると魚へのアピールが強くなる。変則的なトリッキーな動きは目立つので、自然に流して出ない場合でも誘いをかけると出ることがあるからだ。だからここでは出るはずだ、なのに出ない、と思ったら誘いをかけてみる。ただ前述したように誘いをかけると魚の出方は荒くなる。くわえ損ないのほ

取り込みは確実に。魚を充分に弱らせたら（右）、サオを少し倒してラインをつかみ（中）、つかんだラインをサオを持つ手でつかみ替え、それからタモを出して取り込む（左）

か、ひっくり返るような出方をすることも多くなるのでアワセの確率は落ちる。

自然に流してもまったく反応しない日や時間帯がある。考えられる理由の一つが先行者である。自然に流して出ない場合でも誘いをかければ出ることがある。そういう場合には先行者があり、まだ時間が経ってないので警戒していると考え、後述する先行者があった場合の対策をとるのがよい。

●取り込みは暴れさせないで

掛けた魚を水面でバシャバシャさせるのが初心者によくある取り込みである。「やった」「掛けた」とうれしさのあまり次の魚を釣ることを忘れてしまうのだ。

フラットな流れや止水では掛けた魚を暴れさせてしまうと、その動きで次にねらうべき魚が警戒する。そのような場所では掛けたらサオ先を水面につくくらいまで倒して、そのまま水中を引けば魚はスッと寄ってくる。水面をバシャバシャさせるとバレる原因にもなる。寄せるときは周囲に石などがないことを先にチェックしておく。魚が石に当たってバレるのもよくあることである。

できれば取り込みにはタモを使いたい。その際はタモで魚をすくうのではなく、まずラインをたぐり、次いでハリスをつまんでタモに落とし込むようにする。タモを出すのは落とし込む寸前である。どうしても取り込みたい気持ちが先にあると魚を寄せる前にタモを出してしまう。これでは魚は寄らないし、ラインもつかめないためてこずり、バラす原因にもなる。

私はタモを使用するが、その理由はすべてリリースするので魚をつかんだり、石や砂の上にずり上げると魚のダメージが大きいからである。また写真を撮る場合にもタモがあると便利である。

ポイント別攻略法

状況やポイントによって攻め方は違う。自然に流すだけでは魚は出ない。あの手この手の「引き出し」をたくさん持ちたい。これでだめならこの方法と攻略法を的確に使おう。典型的なポイントをもとに攻め方を紹介する。

●浅いプールは超静かに、遠くから

浅いプールやトロ瀬が止水になって鏡状になった場所では、アプローチがもっとも重要である。前述したように姿勢を低くしてにじり寄り、岩や石があればそれに身を隠し、できるだけ遠くからキャスティングする。立ち位置はポイントの正面がベストである。ただし、そこに移動するまでに気づかれることもあるので斜め下流もベターな位置取りである。上流からのアプローチでは自分の動きはバレていると思ったほうがいい。

日中、このような鏡状のプールでライズする魚は食い気満々である。水面近くに浮いてときどき縄張りを巡回するように回遊するのもいる。こういうのはまず一発で食うので第1投が大事である。

ところが、しめしめもらったも同然と毛バリをイージーに打つと、浮いているだけに毛バリを見破られることがある。流れがあり、食い筋がわかるようならサオを後ろに倒した状態から静かに振ってフワッと毛バリを落とせばまず出る。毛バリを強くピチャッと叩くと逃げることが多い。

定位している魚の前に落とすとジッと見る余裕があるだけに見破るのがいる。そこで斜め後ろにポトッと落とす。視野が広いので魚はさっと向きを変え、パクッとくわえる。いわゆる反射食いをさせるのである。

魚が回遊している場合、魚が自分のほうを向いているときに打ってはダメである。向こうを向いたときに斜め後ろに落とすのがコツである（以上、Ｐ１０７図）。

●流心の魚を釣る

あまり神経質にならなくてもいいのが流心をまたいだ向こうのポイントである。流れで釣り人の気配が消されるので大胆に接近できる。Ｐ１０８図が典型的なポイントである。流心にも当然魚はついている。

流心の流れが強い場合、流心に毛バリを落としても水の勢いにハネられる。あるいは流れが速すぎる（適正は40～50㎝／秒）ので魚は出ないか、出ても荒い出方になる。そこで流心を少しはずした瀬脇に毛バリを入れ、毛バリが落ちたらラインを少し緩め、結びコブが水面か水面上10㎝程度になるように流す。毛バリは少し沈んで流れる。ラインを垂直に立てラインの動きを見ておく。流心の流れよりもラインが遅く流れるように、言葉にすれば「ジリジリ」と流す。これで適正な速度になる。

●白泡の下を釣る止め釣り

白泡の下をねらわない人が多い。大方は白泡が消えるあたりの適正流速のポイントをねらうだけで、白泡下はパスしてしまう。白泡の下にも魚がいる。それを釣るテクニックは「止め釣り」である。Ｐ１０９図の

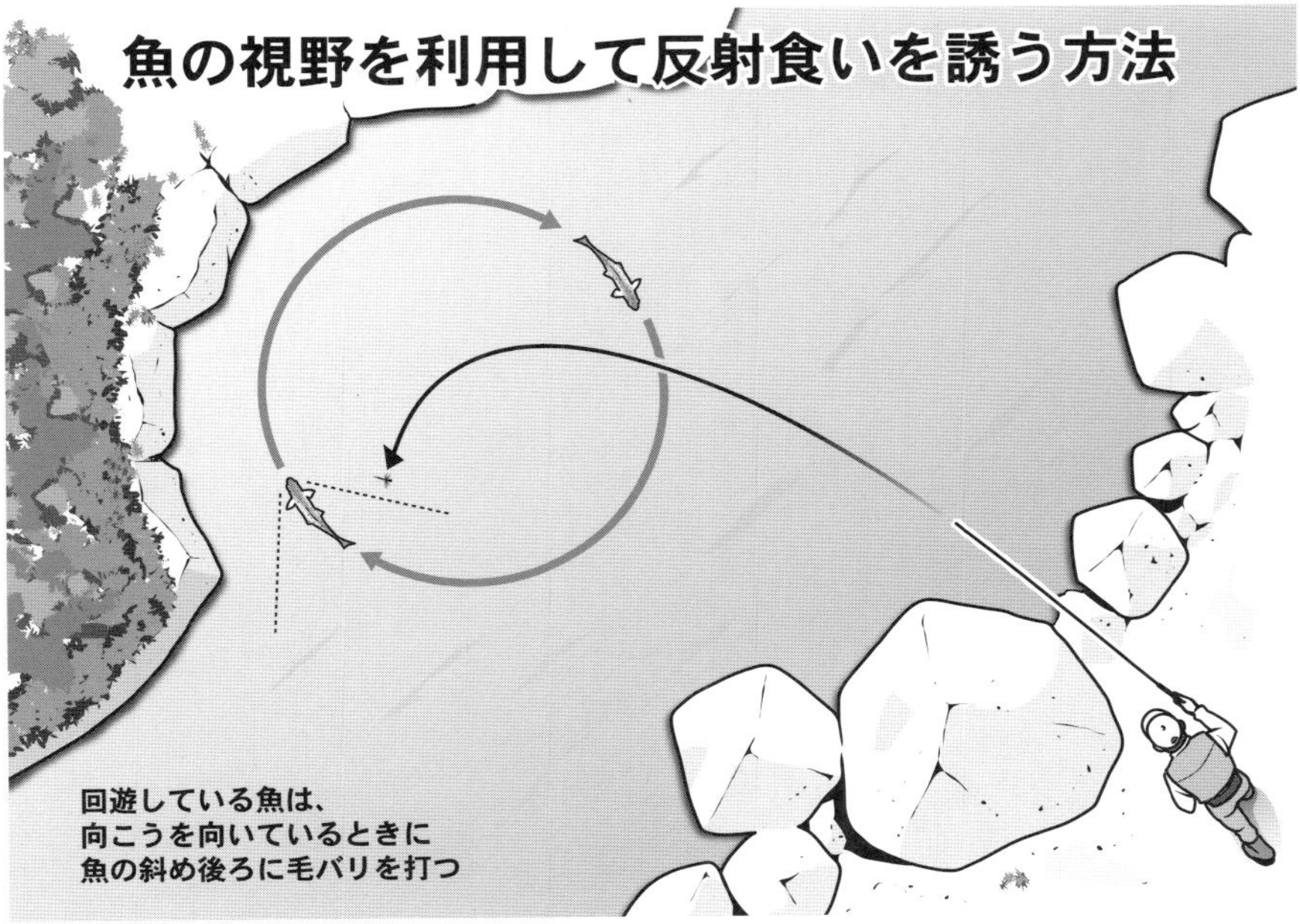
魚の視野を利用して反射食いを誘う方法
回遊している魚は、
向こうを向いているときに
魚の斜め後ろに毛バリを打つ

ように上流に立ち、白泡のすぐ脇に毛バリを止めておく。白泡の真上では毛バリをアピールできないので白泡のすぐ脇である。止める時間は2〜3秒。長い間毛バリを見せてはダメ。反応がなければピックアップしてこれを繰り返す。少しずつポイントを上流、あるいは下流に移しながら白泡全域を探るようにする。コツは肘を上げ、サオ先を水につけるくらい低くすることである。そうすると毛バリが沈み、浮き上がらない。サオを立てたまま止めると毛バリは流れでピンピンはじかれてしまう。

●段落ち直下に毛バリを入れる

段落ちの下の巻き返しにも魚はついている。このような場所はイワナが多い。ここに毛バリを入れるには、まず段の上の流れに毛バリを打つ（P110図）。そして毛バリが下の段に落ちるタイミングでラインを緩める。するとラインが下の段の流れにもまれ、吸い込まれていく。2〜3秒待ってサオを立てると1m程度沈んでいるので、そこでキープしてアタリを待つ。この

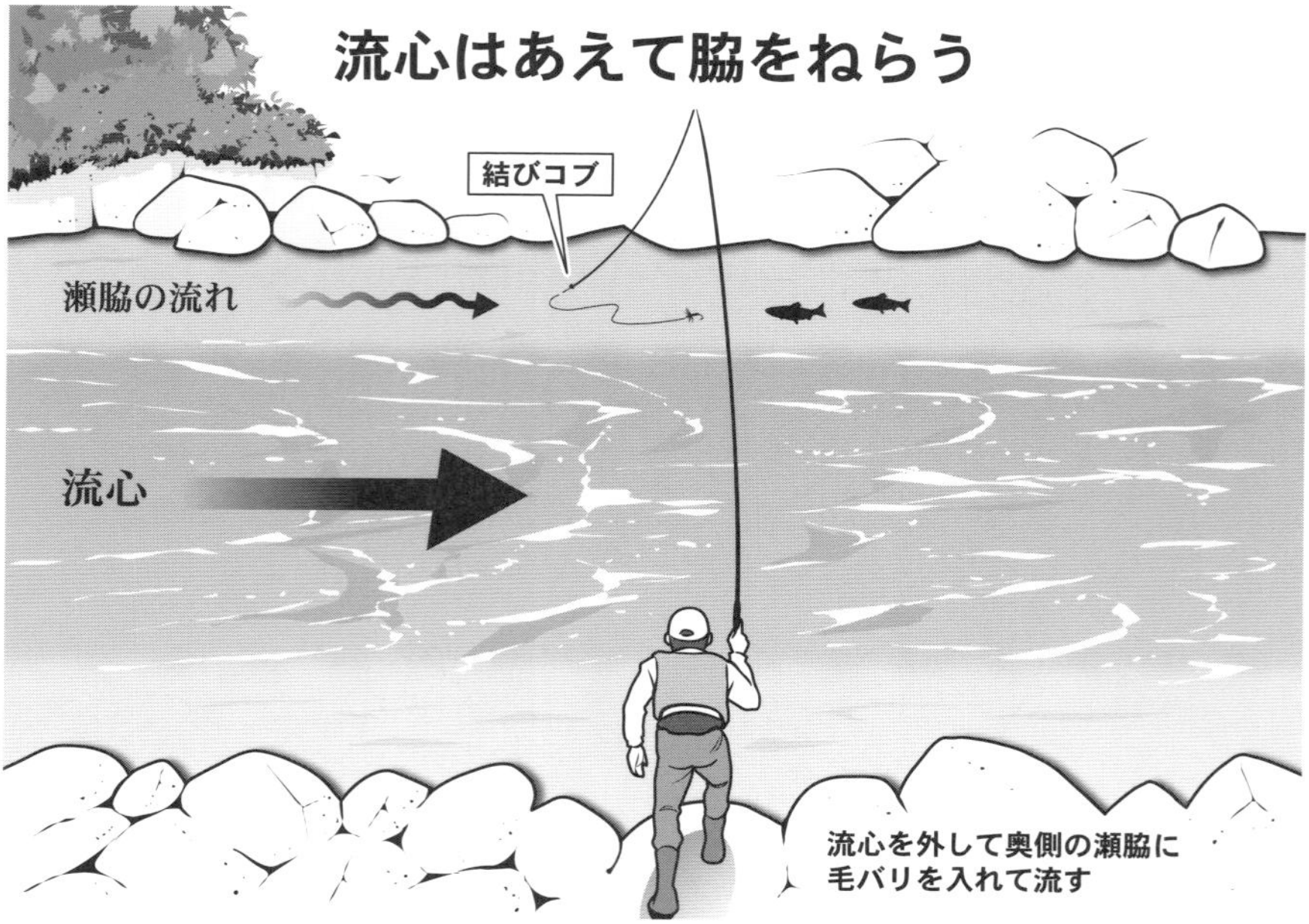
流心はあえて脇をねらう
結びコブ
瀬脇の流れ
流心
流心を外して奥側の瀬脇に
毛バリを入れて流す

方法を使えばオモリのないテンカラ釣りでも毛バリを沈めることができる。

アタリは手にコツッと来る手感になるが、コツッと来たときには遅いので、サオを上下にあおってそのときにゴツッと来る向こうアワセ気味のアワセになる。この方法は段落ち直下のとくにイワナを釣るのによい方法である。

●岩盤脇は数㎝の差で決まる

岩盤脇にはよく魚がついている。隠れ場

写真中央の白泡の流心部に毛バリを入れても強い流れにハネられる。ねらいはその奥、2つの流れの間にできた緩流帯だ

白泡の下は魚にとって格好の隠れ家

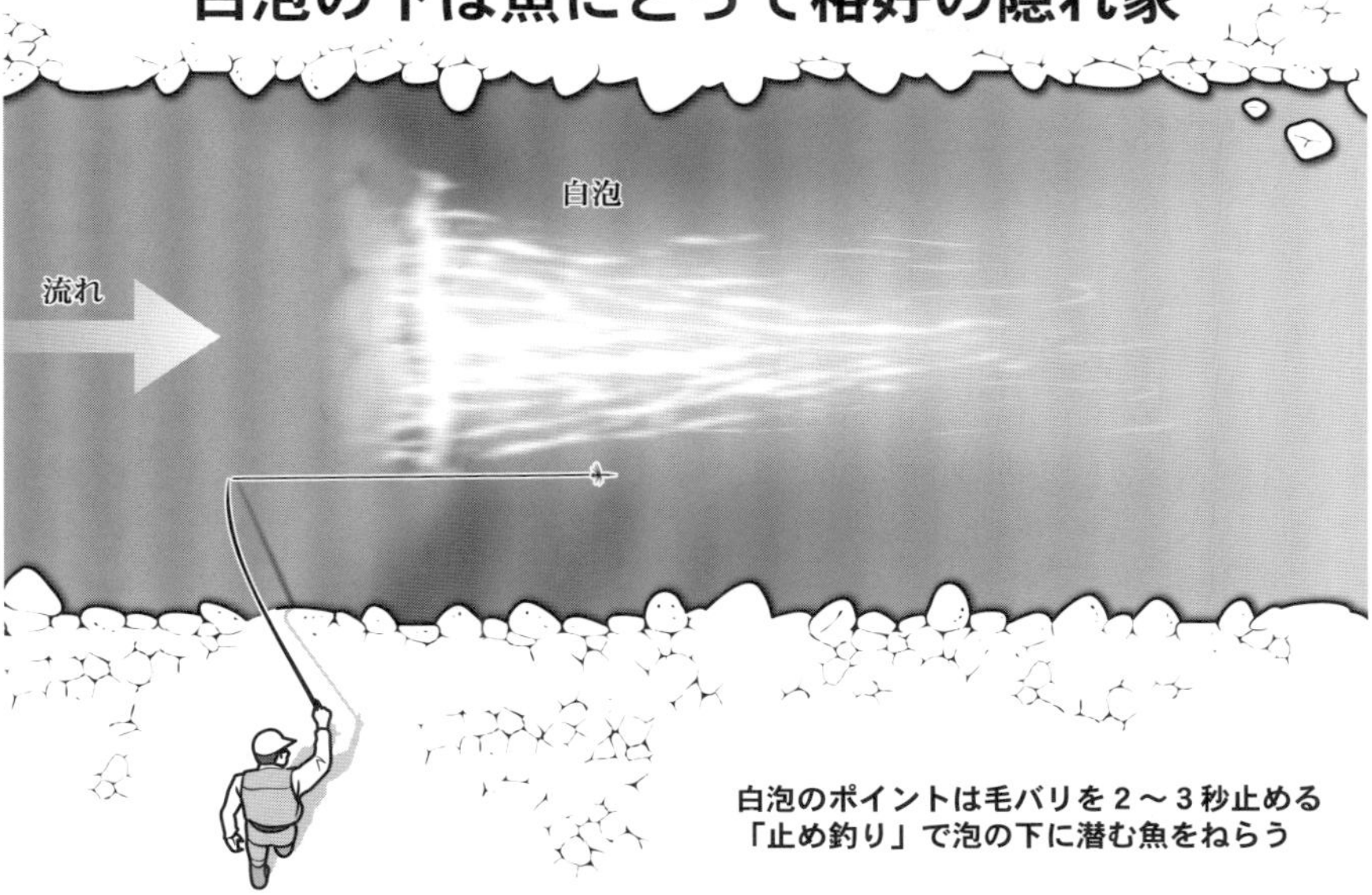

白泡のポイントは毛バリを２〜３秒止める
「止め釣り」で泡の下に潜む魚をねらう

所になるとともに、岩盤に沿ってエサが流れるからだろう。Ｐ１１１図は典型的なポイントである。反転流でＣの流れになっている。魚は頭を向こうに向け、岩盤脇にユラユラとついていることが多い。このような魚は岩盤からほとんど離れず、食い筋を外れると反応しない。せいぜいその幅は10㎝程度である。このような場合には、魚の前にポトッと静かに毛バリを落とすか、斜め後ろに落として振り向きざまに反射食いさせる。

岩盤スレスレに流すにはわざと岩盤に毛バリを当てて、毛バリがポロッと落ちたように見せるのも効果がある。反転流のＣの中心は渦を巻いた水流が浮き上がる場所である。水面が盛り上がり、それが鏡のようになり水中が一瞬見えることがある。このような盛り上がる場所では魚はほとんど出ない。魚は沈み込む流れでエサをとり、浮き上がった鏡状の水面にはエサをとりに出て来ないのでここに毛バリを打ってもムダである。

反転流の場合にはラインを緩めて毛バリ

落ち込み直下に毛バリを入れる方法

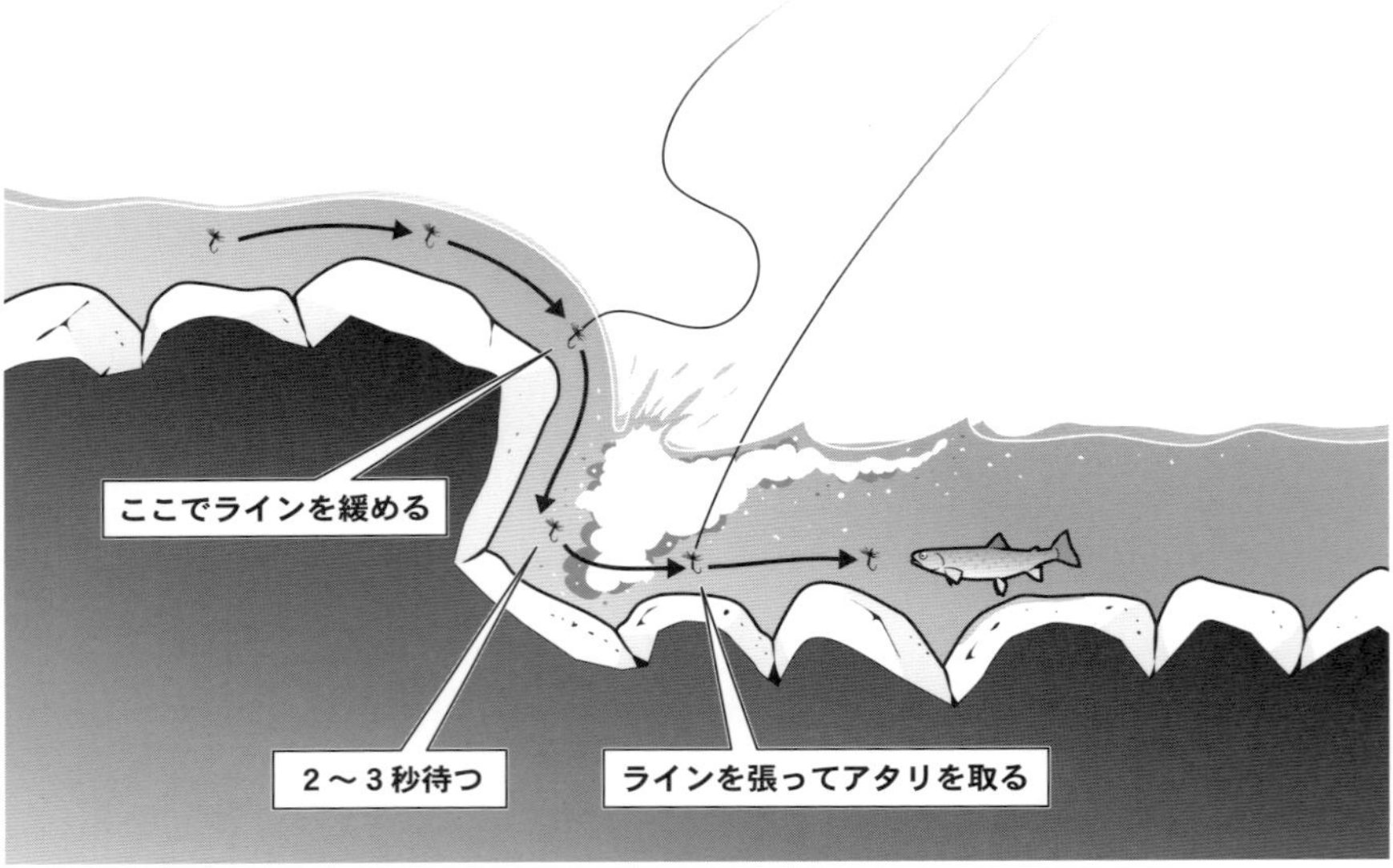
ここでラインを緩める
2～3秒待つ
ラインを張ってアタリを取る

を沈め、反転流に乗せて毛バリをグルグル回すのも有効である。この場合、ラインが緩んでいるのでアタリはイトフケで取ることになる。

●クルクル回る泡やゴミへ打つ

どこにも小さな反転流ができ、そこで泡やゴミが1ヵ所でクルクル回っている場所がある。ここは絶好のポイントである。泡やゴミが回る場所はエサもそこに止まり、魚が楽にエサを捕ることができるからだ。ここをねらわない手はない。浅くても深くても必ず打ってみよう。

●ポイントを多角的に見る

渓流釣りは通常は釣り上がりのため、下流からしかポイントを見ない。移動したらもう一度、今、打ったところを見てみよう。見る角度が変われば気づかなかったポイントが無数にあるはずだ。よく釣る人は川をつねに多角的に見ているので見逃しポイントがない。そこにパッと打って、出なければ見切りも早い。釣れるはずである。

反転流に付いている魚の攻略法

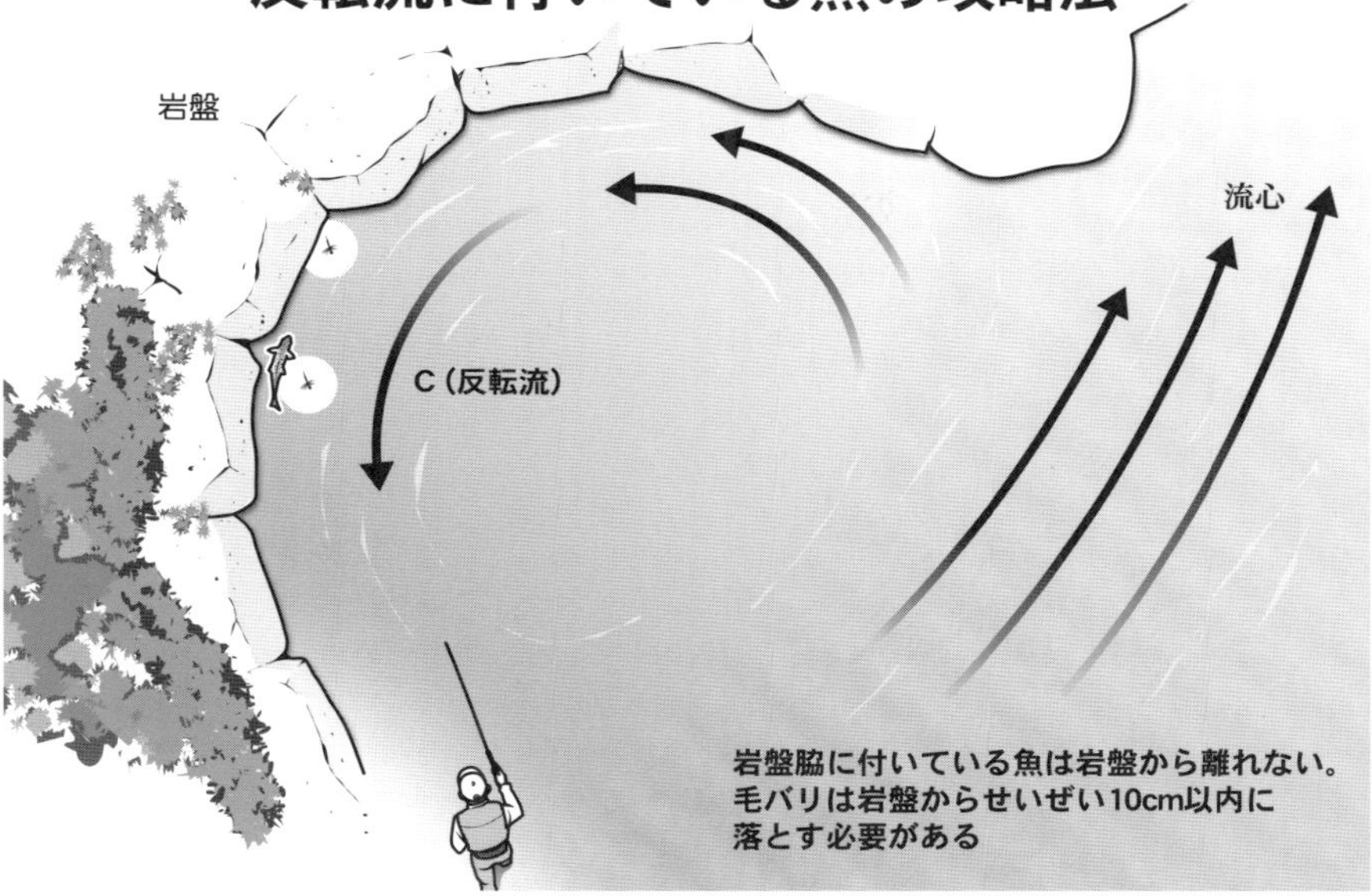
岩盤
流心
C（反転流）
岩盤脇に付いている魚は岩盤から離れない。
毛バリは岩盤からせいぜい10cm以内に
落とす必要がある

白泡の切れ目から流れを利用して岩盤沿いに毛バリをトレースしていく

Tenkara Column 7

人を釣る

私は以前アユ釣りに夢中だった。実に25年間ものめり込んでいたのだ。今のようなネオプレーンのアユタイツがない頃は、布引きのタイツで1日川に立てば翌日の足は鉛のように重くなるが、苦にならなかった。7月になればテンカラはおいて、ひたすら鮎、あゆ、アユ……の日々。

当然、腕も上がる。アユは腕の差が歴然と出る釣りである。しかも衆目の中での釣りだけに、腕を上げれば上げるほど周囲の視線がスポットライトのように自分に注がれる。あぁ、今、まわりは羨望のまなざしで自分を見ている。ひと淵のヒーロー。快感！これもアユに熱中する動機の一つである。

それが今や「朝寝して、夜寝するまで昼寝して、ときどき起きて居眠りをする」くらいテンカラ漬けである。しかも完全リリースだから釣った魚で食卓を囲むこともない。釣れる釣りならいくらでもある中で、テンカラにかけたお金と時間はどれほどになるだろうか。

いつの頃からか、他人が釣ったのを自分の喜びと感じるようになった。自分が釣らなくても一緒に行った人が釣れれば心底「よかったね」と思えるようになった。以前はそうはいかなかった。よかったじゃない、という言葉の裏で、奥歯を噛み、顔はゆがんでいた。そのポイントはオレがやるはずだったのにとか、夕マヅメの場所をとられたとか。

一緒に行った誰かが釣ってくればいい。他人の釣った魚と、釣った瞬間を共有していると思えるようになったのだ。それがテンカラを始めた人であればなおさらである。心底、よかったねと思える。

その結果、確実に「人が釣れる」ようになった。尺ものの人から稚魚の人まで。稚魚もやがて尺になる可能性を秘めている。人を釣るのが面白い。だから私はテンカラが止められない

6章 応用編

釣りにおける応用、それは刻々と変化する
自然と渓魚の状況を見極め、適応できる力を養うことにある。
これこそが釣り人一人ひとりの力量となる。

状況判断

今日はきっと魚の活性が高くてすごく出るに違いないとか、今はダメだけれどタマヅメには出るに違いない、あるいは先行者がいるので攻め方を変えたほうがいいなど、テンカラではその場に応じて的確に状況判断する必要がある。よい条件が重なった場合には大釣りすることもあるし、条件が悪ければまったく反応しないこともある。

毛バリをむだに打たず、効率的なテンカラをするにはどのように状況を把握したらいいのだろうか。判断の材料になるのは以下の3つである。当然、これらの1つの要素だけで魚の活性が決まるのではなく、相互に関連している。

①季節、時間帯などの時間的要素
②水位、水温、日照、降雨、濁りなどの天候的要素
③先行者などの人的要素

それでは順にみていこう。

●時間的要素……季節

日本列島は南北に長く、さらにアマゴやヤマメ、イワナでベストの季節が違うので一概にいえないが、以下は中部地方を基準とした目安である。

雪柳　3月中旬から白い可憐な花が咲き出す。この頃の気温が上がる日中は毛バリに反応する。しかし朝夕マヅメはテンカラにはまだ早い。

桜の開花　桜の開花から葉桜の頃、晴れた日は終日釣りになるが、朝夕マヅメは水温が下がるので出は悪い。冷たい雨の日はほとんど釣りにならない。

藤の花　藤の花の咲く頃から毛バリへの活性が高くなる。まだ魚も多く毛バリにもスレていないので、入門者はこの頃から始めるとよい。そぼ降る小雨の日はベストである。

以下、月別にみると……。

5月　テンカラのベストシーズンである。さわやかな気候で爽快なテンカラが楽しめる。曇天の日中、朝夕マヅメは特に期待できる。

6月　大もの、大釣りの季節。イワナの活性が高まる頃で大釣りが期待できる。梅雨入り前、梅雨入り直後の蒸し暑く水がねっとりした日は特に大釣りのチャンスだ。

7月　梅雨の大雨で増水するので意外とテンカラの機会は少ないが、超大ものが出るのはこの季節である。梅雨明け直後が大釣りのチャンス。

8月　渇水とともに高水温になるので、低地の渓流では朝夕のほんのいっときがチャンスになる。アマゴ（ヤマメ）の大釣りは期待できない。高地のイワナがメインになる。

9月　水が増えたときには産卵前のアマゴ、ヤマメの荒食いがあるが、中旬を過ぎるとペアリングのために活性は低くなる。イワナは釣れ続けるが6月ほどの活性はない。

●時間的要素……季節・時間帯

季節や水温によりベストの時間帯は変化する。魚の食い気（活性）を左右するのは水温なので、適水温になる時間帯がベストになる。一般的には朝夕のマヅメであるが、

水温の低い早期には朝夕は水温が低すぎてまったく釣りにならない。逆に真夏の日中は水温が高すぎるので、水温が下がるマヅメどきがねらいめになる。しかし、真夏の夕マヅメは水温が下がりきらず、一晩過ぎた朝マヅメのいっときだけ活性が高まる場合もある。

水生昆虫の羽化（ハッチ）と魚の活性は関係している。羽化があると、それを捕食するため魚も活性化するが、ハッチがあっても魚の活性がまったくない場合や、その逆もあり、ハッチがあれば絶対活性化するわけではない。

●天候的要素…水温

変温動物の魚は水温により食欲がコントロールされる。このため活性は水温次第である。水温を変化させるのが晴・雨などの天候や水量なので、水温を基準として天候や水位などから総合して判断するのがよいだろう。

養魚場でアマゴやイワナがもっともエサを食べるのは12～14℃前後のようなので、天然魚もこのくらいが最も食欲が出ると思われる。

では6℃ではダメかというとそうではない。6℃から1℃上がっただけで急に活性化することがある。魚は水温が低ければ低いなりにその水温に適応しているので、わずかな上昇でスイッチが入るからだ。逆に、前日まで12～14℃あったのが急な冷え込みで1～2℃下がるだけでもまったく反応しなくなる。魚にとってみれば、急な寒さで身体が動かない状態なのだろう。

つまり、この水温なら絶対出るというわけではなく、低くても上がれば出るし、適水温でも前日より下がってしまえば出ない。渓流の水温が1日で急に上がることはないので、急な水温低下で不活性になるのが問題になる。雪代、急な大雨の後ではまず釣りにならない。

真夏のぬるま湯状態になっても出ない。20℃を超えると魚の活性はほとんどない。真夏の夕マヅメは日中の水温が下がりきらず、夜を越した朝マヅメのほうがよいのはこの理由である。

水温を水温計で測るのもいいが、出るか出ないかは魚の動きが判断の目安になる。活性がないときは水の中を歩いても魚はまったく動かない。エゴに入ってジッとしているからだろう。このように魚が動かないときに毛バリを打ってもまったくムダだ。

水温が上がると、歩けば魚がスッと動くようになる。活性が出てきたからだ。こうなればしめたもので毛バリに反応する。ときどき手を漬けて水の冷たさを感知し、微妙な水温の変化もわかるようにしよう。人の感覚は水温計より感度がいい。

●天候的要素……天候

明るさ（照度）は魚の食い気を左右する。暗いほうが活性は上がる。超大ものの渓流魚は真夜中に活動するともいわれる。晴天で強い日差しのある場所では反応しなくても、日陰になっているところの魚は毛バリを追う。だから「晴れたら影を釣る」。

ただし、気温が低い早期は晴れないと水温が上がらないので「早期は晴れを釣る」。初心者の中には夕マヅメにいい経験をすると、タマヅメは季節に関わりなく絶対と思い込む人がいるが、あくまで水温との関係であり、水温の低い早期のマヅメはほとんど釣りにならない。

●天候的要素……水況

石には白い平水線がついている。それをもとに水位を判断する。増水はテンカラに向いていない。増水でポイントがつぶれていること、エサが水中を流れるので毛バリに関心がないこと、さらに水温が低下しているのが理由である。平水より10cm増水するだけでポイントはつぶれてしまう。流れが速くなるため40～50cm／秒の適正流のポイントが少なくなるからだ。

増水している途中はまず釣りにならない。逆に平水から渇水気味のときは活性が高い。普段は水の流れが強くてポイントにならないところも渇水ならポイントになる。さらに水中を流れるエサが少なくなるので、魚は水面のエサに関心を向けるからだ。あくまで感覚であるが水がサラサラしているときはダメである。ねっとりした水は魚の活性が高い。ねっとりは水が少なく温まっているときの表現である。

超渇水状態でも魚はエサを捕らなければならないので毛バリにも反応する。ただし、非常に警戒心が強くなっているので慎重なアプローチが必要である。このようなときはほとんどエゴに入ってしまうので、石をなめるように毛バリを流すのがコツである。

濁りもササニゴリ程度なら、具体的には30cm程度の深さの底石が見えるようであれば釣りになる。しかし、それ以上のミルクコーヒー状態なら釣りにならない。うっすら濁りがあるようなら8番程度の大きな毛バリを使い、誘いをかけるなどのアピールで魚が反応することがある。濁りが釣り人の気配を消すので、うっすら濁っているときのほうがいい釣りになることもある。

●人的要素……先行者

先行者の後を釣らざるを得ないのは、サンデーアングラーの宿命のようなものである。早朝はエサ釣りが入り、日が上がった頃からテンカラというように、入渓時間が遅めなことが多いテンカラでは、先行者を覚悟した上でどう釣るかである。

先行者の有無は砂についた新しい足跡でもわかるが、ない場合は魚の反応で判断できる。ここぞというポイントにもかかわらず、まず先に小さい魚が出る。しかもその小さい魚の反応が非常に鋭く、ピチャッとひっくり返るように出る場合、直前に先行者があり非常に神経質になっていると判断しよう。

先行者がいる場合、誰でも打つようなポイントではまず出ないので無駄である。そこでの対策は、

①先行者の歩いた（であろう）逆をねらうことである。歩いた側はまず出ないので粘らない。徒渉したところ（通り道）は出ないので無視して毛バリを無駄打ちしない。

②先行者が攻略しきれないポイントを重点的にねらう。対岸のピンスポットは、エサでもルアーでも、フライでも釣りきれない。まさに毛バリを点で落とせるテンカラ

ならではのポイントである。

このようなポイントは実は無数にある。「こんなところ?」にも魚はいるのである。釣り人の頻繁な渓流では、魚たちはこのような場所に避難している。

木々の緑も淡いシーズン初期は穏やかな晴れの日がよい

③時間を空ける。条件にもよるが、2時間空ければ反応するようになる。
このように、テンカラはさまざまな条件で制約されてしまう釣りである。エサ釣りなら濁ればミミズを使い、臭いで誘うなどの代替手段がある。ルアーは水面から水底深くまで沈め、しかも遠くまで探ることができる。対して、テンカラは毛バリという偽物であり、しかもオモリも使わないので

季節によっては日が陰りだす時間帯から急に魚の捕食スイッチが入ることも

初夏を迎えた渓流で空気がモワッとした日並みに当たれば期待大だ

他の釣りにくらべて大きなハンディを背負っている。

しかし、だからこそ条件がそろったときにはエサ釣りもルアーも太刀打ちできないほど大釣りすることがあり、テンカラの面白さを堪能することができる。テンカラの盛期となる藤の花の咲く頃からは他の釣りとの優劣が逆転することが多くなる。

川岸や流れの石は増減水を知る目安になる。写真のように石が乾ききっている場合には、しばらく雨が降っていないことがうかがえる

出ない場合の対処テクニック

基礎編で紹介したように、出ると予測したポイントの上流に毛バリを落とすだけでバシャッと出れば最高に面白く、これがテンカラの醍醐味なのだが、ねらわれ続けて神経質になっている魚はそうそう簡単に出てくれない。ではどうしたらいいのだろうか。よく釣るという人にはいろいろな奥の手がある。

●誘いをかける（P119～121図）
基礎編でも出ない場合に誘いをかけることを紹介したが、ひと口に誘いといってもいろいろなテクニックがある。
① 逆引き　エサが流れに沿って泳ぐイメージで上流に毛バリを引く。テンポは1秒1回程度で、20㎝ほど引く。大きく引くほどアピールする。しかし、逆引きは上流に向かって毛バリが動く、つまり魚の口からハリが外れる動きになるので出ても掛かる確率は低い。
② 引き送り　ポイントの上流に立ち、サオを寝かせる。一旦、1回で50㎝くらい上流に引いたら次に緩めて下流に送り込み止める。これを2～3回繰り返す。上流に引くことで魚を誘い、下流に流れることで食わせるテクニックである。緩めるときはラインがたるむくらいに緩める。
この誘いはせいぜい2～3回繰り返し、出なければすぐピックアップして間合いをとる。上流、下流に立ち、位置を移して繰り返す。毛バリを長い間見せないのがコツである。
③ 止め釣り　白泡の横に毛バリを止める方法を基礎編で紹介したが、白泡の横だけでなく、石の際、沈み石の上など魚がいると予測したところに毛バリを止めるものである。ただし長い時間止めると見破られるので、2～3秒止めたらピックアップした

逆引き

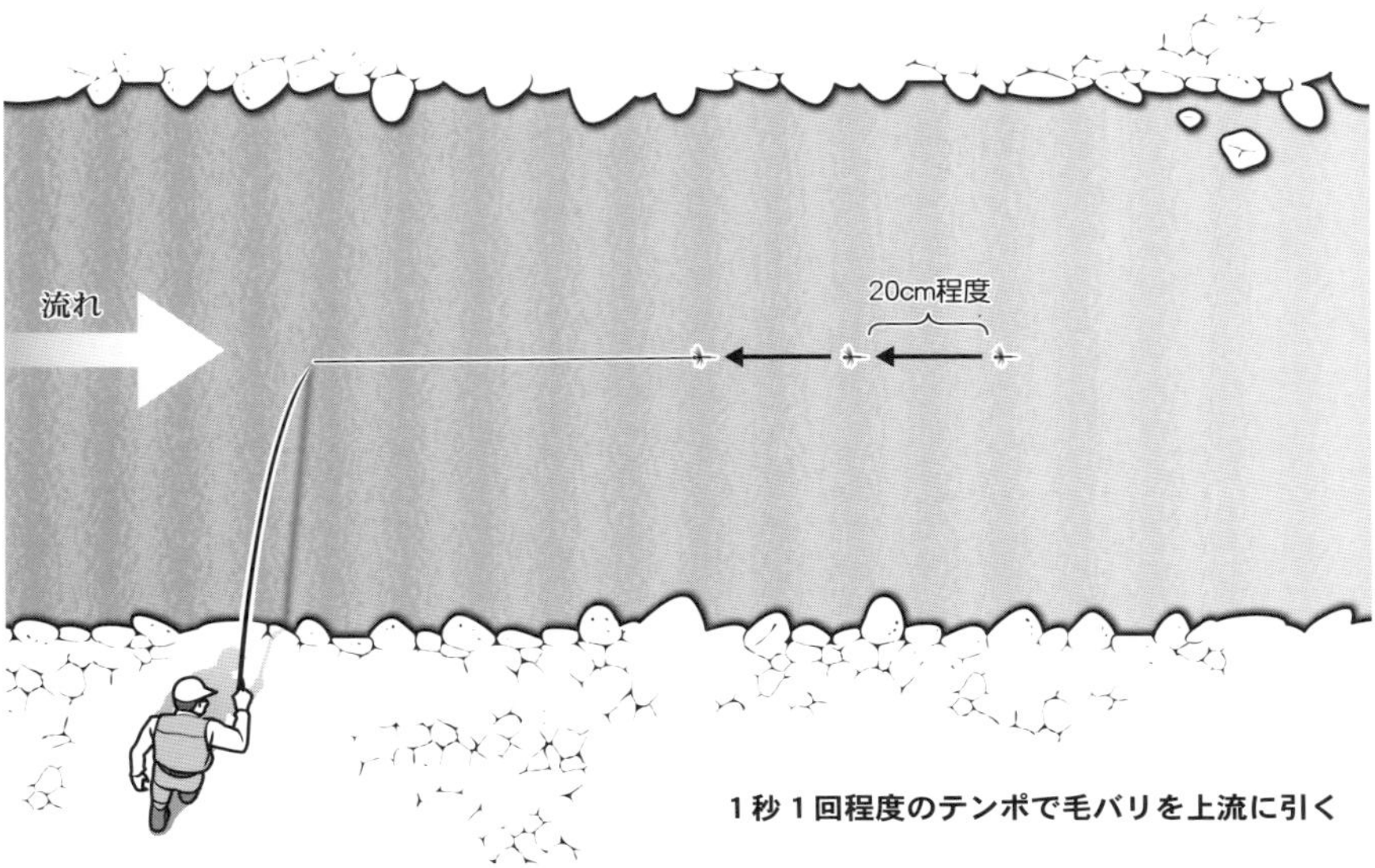

1秒1回程度のテンポで毛バリを上流に引く

ほうがよい。

④扇引き　流れを横切らせる誘い方である。右岸にいるときは手のひらを上にしてサオ先を水面につけるようにして引く。左岸なら手の甲が上である。サオ先が水面につくようにするのは、毛バリが水面でピンピン跳ねないようにするためである。サオ先を水面につけるように引くのは、扇引きに限らず誘いのすべてに同じである。

深いところでは、最初に毛バリを何度かスーッと横切るように大きな動きで「？」と魚にアピールさせたのち、小刻みに誘いをかけると効果的である。

扇引きは自分側に魚を寄せることになるため、カケアガリになっていると魚は警戒してしまうのであまり近くまでアクションをかけないほうがいい。

⑤水中で浮き上がらせる　基礎編で紹介した、上流の段の上に打って、ラインとともに一旦毛バリを水中に沈めたのち、送り込んだラインをポイントの手前で止めるテクニックである。これにより毛バリがスッと浮き上がる。浮き上がるエサを捕食する魚の習性を利用したものである。

●誘いをかけたときのアワセ

誘いをかけたときは、自然に流したときよりも魚の出方が荒くなるため、掛かる確率は低くなる。しかし、誘いをかけた場合でも少し間をおいて合わせるタイミングは変わらない。

誘いをかけた場合には、魚が空中に全身をさらけ出し、反転して頭から突っ込むケースもある。出方が派手なため、「あ、出た！」と慌てて合わせてしまうが、このよ

引き送り

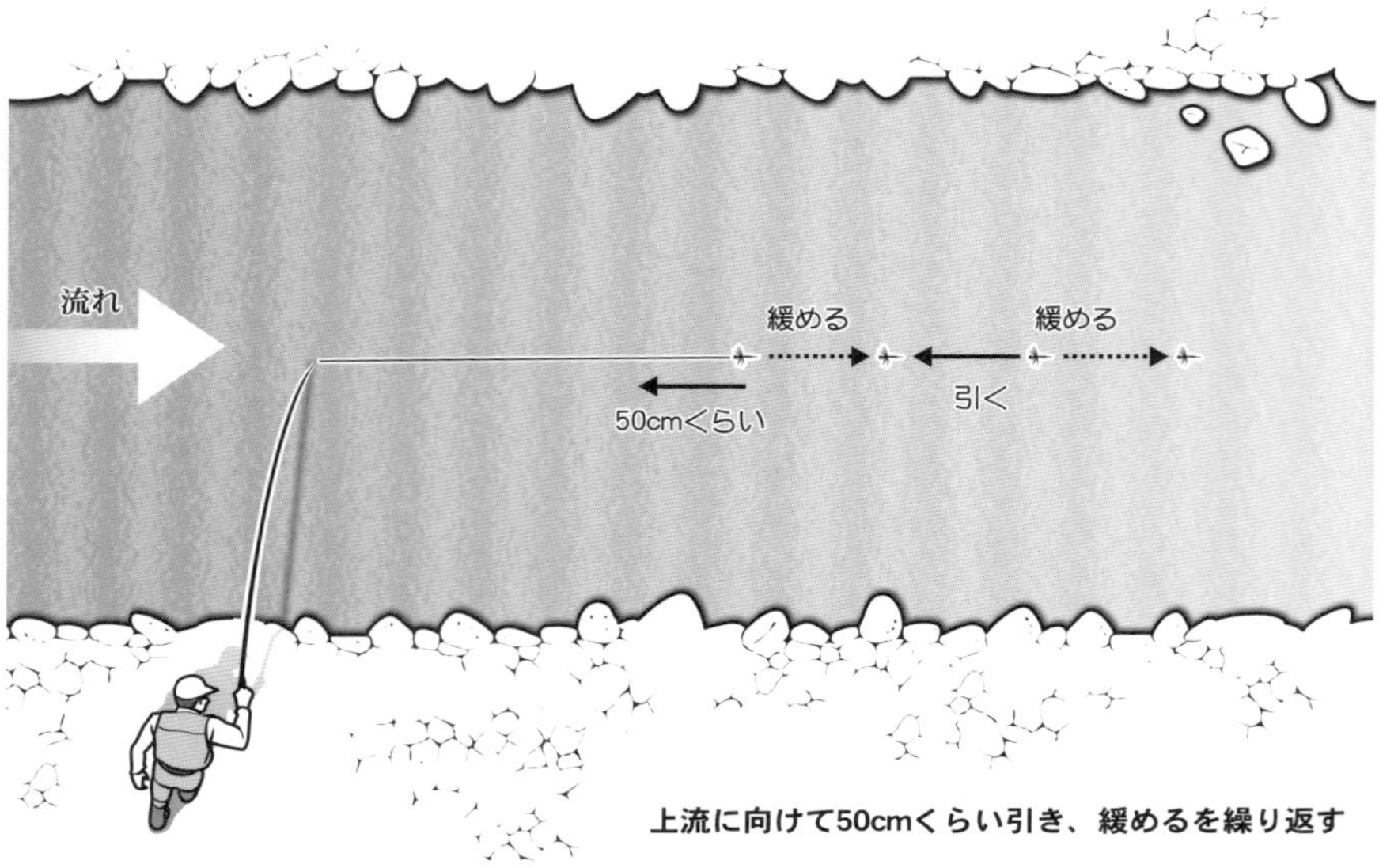
流れ
緩める
緩める
50cmくらい
引く
上流に向けて50cmくらい引き、緩めるを繰り返す

止め釣り

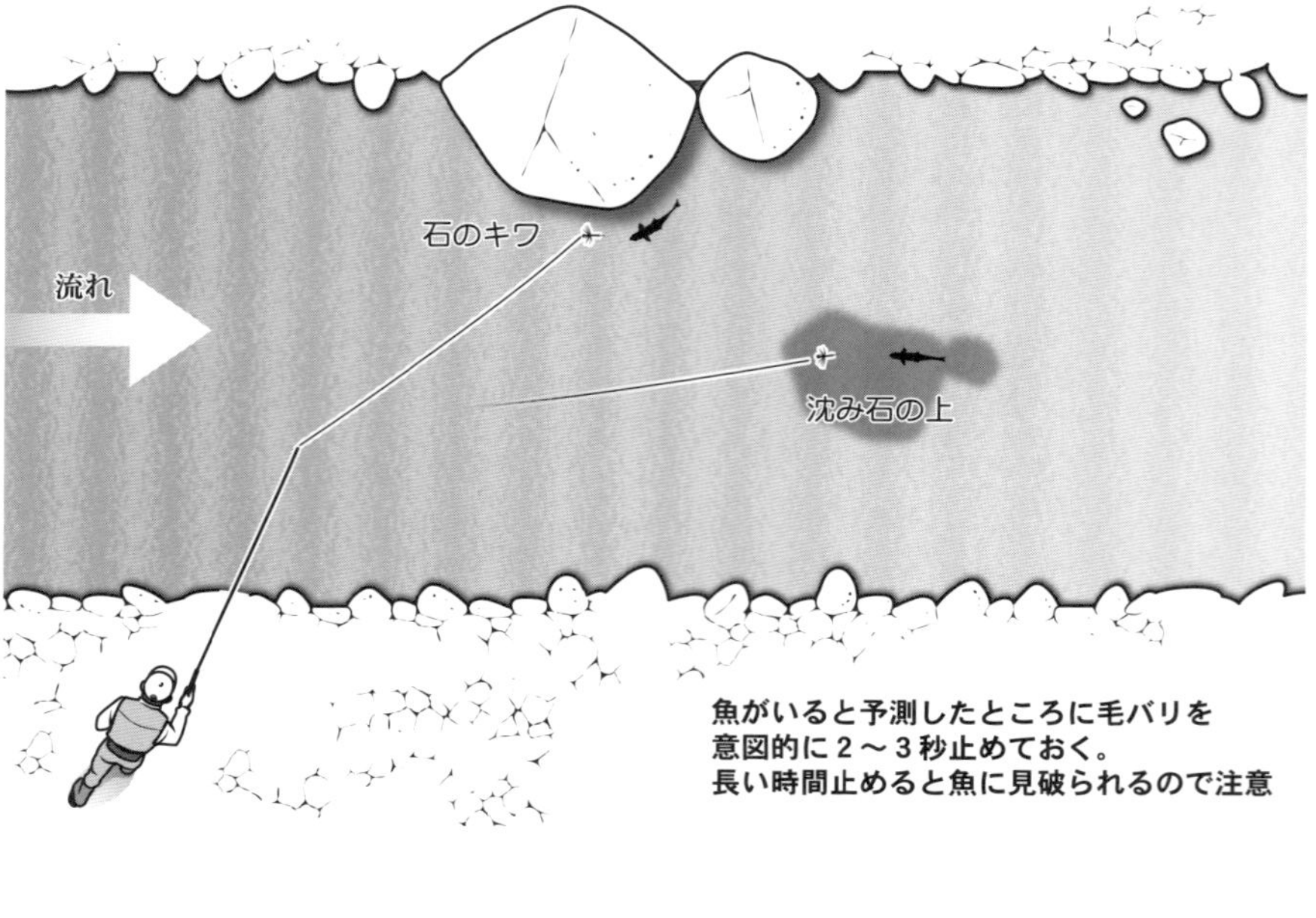
石のキワ
流れ
沈み石の上
魚がいると予測したところに毛バリを
意図的に２～３秒止めておく。
長い時間止めると魚に見破られるので注意

扇引き

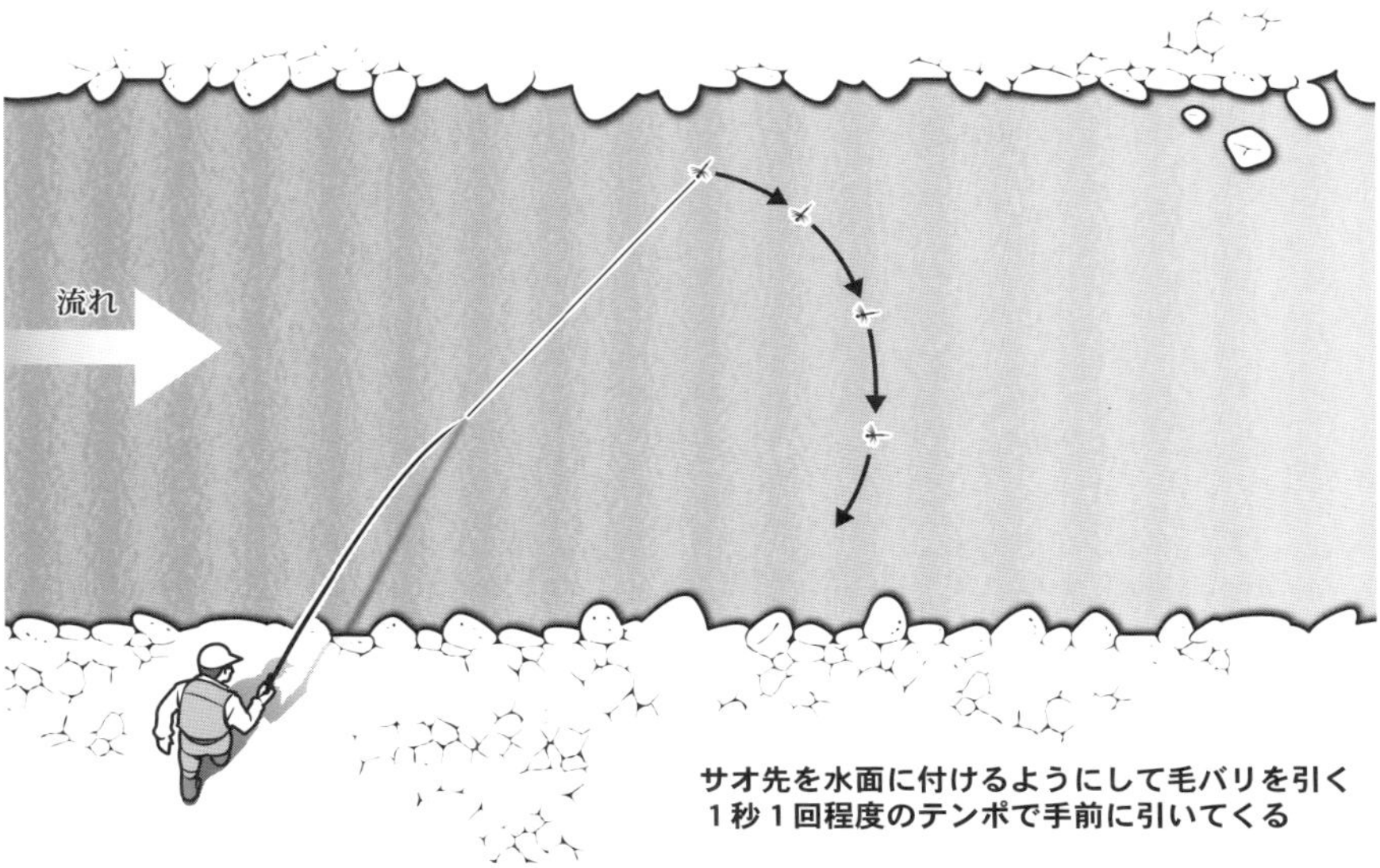
流れ
サオ先を水面に付けるようにして毛バリを引く
1秒1回程度のテンポで手前に引いてくる

毛バリを水中で浮き上がらせる

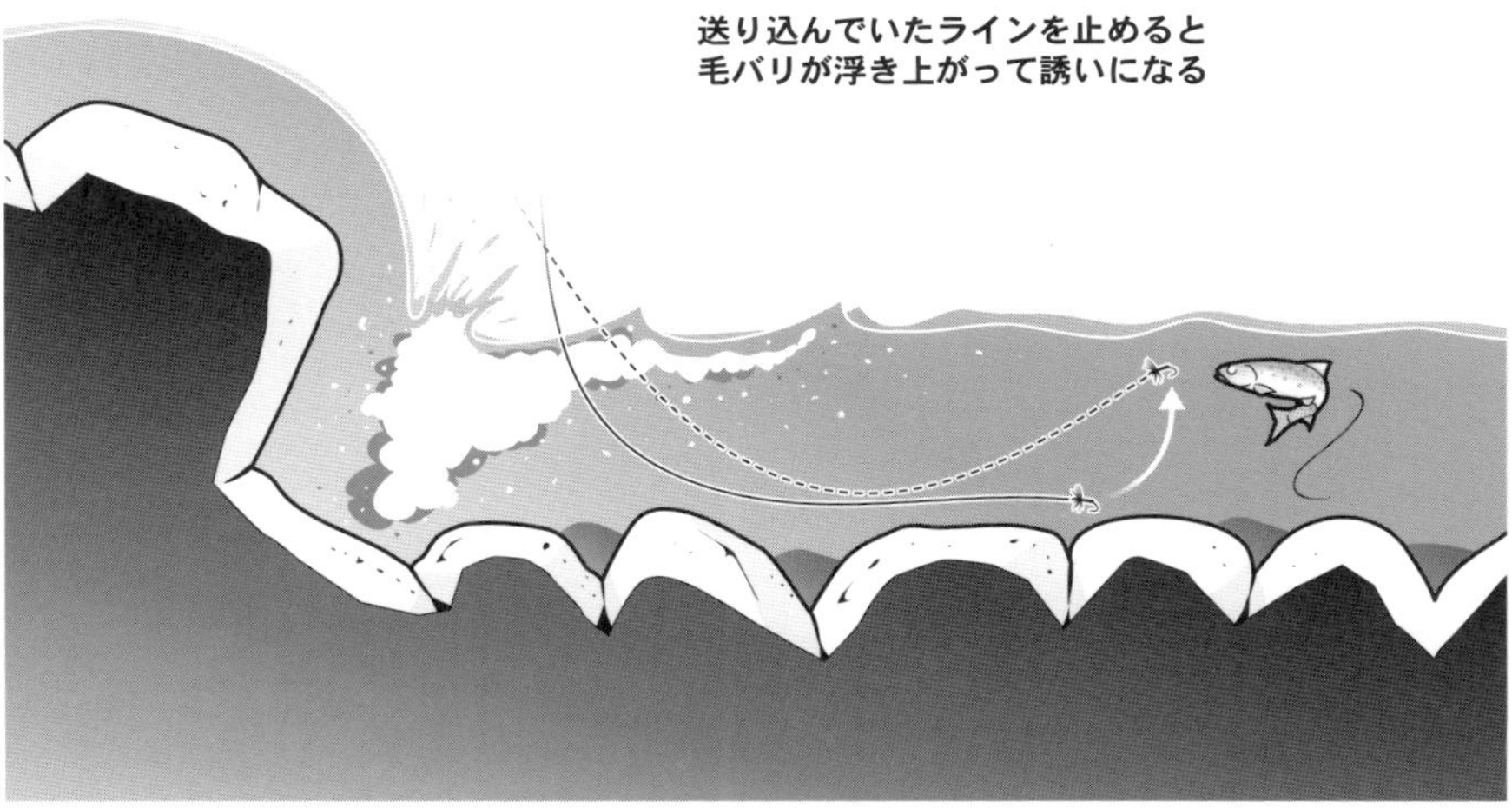
送り込んでいたラインを止めると
毛バリが浮き上がって誘いになる

うな派手な出方をした場合ほど、より間合いをとって合わせる。「出たぁ」の「ぁ」では掛からない。魚が潜ったのを見て合わせるとジャストである。

アタリの形態はさまざま。写真のように水面にしぶきをあげる場合はわかりやすいのだが……

イトの変化でもアタリをとれるようになれば、今までよりも釣果はグッと伸びる

●ウエイトをつけた毛バリを使う

状況によっては水面ではまったく反応せず、水中なら食うことがある。しかも水面下5～10㎝ではなく、さらに深いところでなければ食わない。これは早期や雪代などで水温が急に低下した場合である。こんなときには、糸オモリなどを胴に巻いた毛バリが有効である。アタリは手感か、イトフケで取ることになるのでエサ釣りの感覚に近いが、非常手段として有効なので毛バリボックスの中に入れておこう。

さらにビーズヘッドや普通のものより比重の大きいタングステンオモリをつけた毛バリ、またハリスに大きなカミツブシをつけた仕掛けで毛バリを沈め、誘いをかける釣法の人もいる。楽しみ方は人それぞれなので、このような方法もあることを知っておこう。

沈めたときのアワセ

基礎編でラインとハリスの結び目は水面ぎりぎりか、水面上10㎝程度を流れるよう

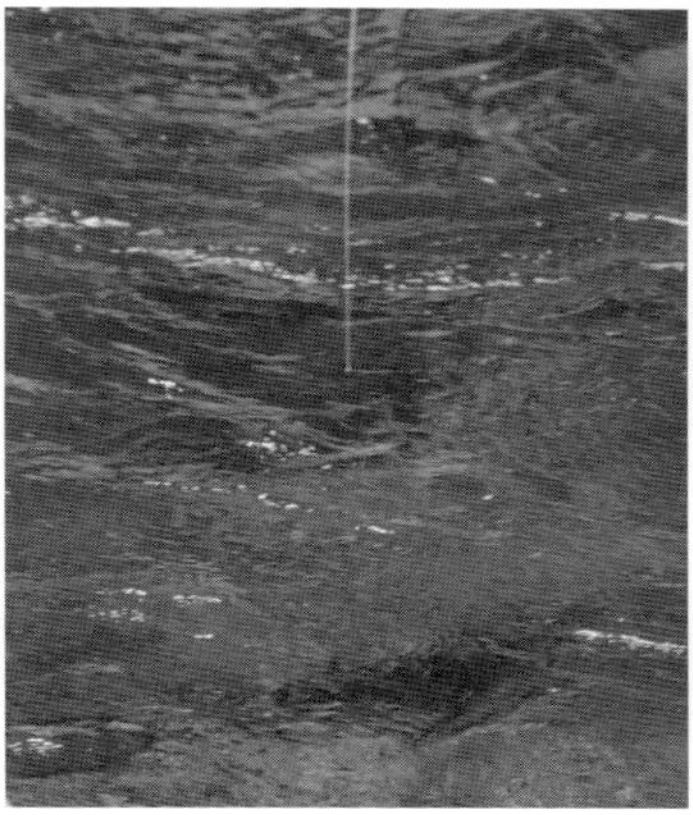

サオの穂先をブラさず、ラインを流れに対して垂直に立てて流す

にする方法を紹介した。そのとき毛バリは水面下5～10㎝を流れる。沈めた場合のアタリの取り方は次の3つである。

①水面にバシャッと出る

②水面がかすかにモコッとする、影が動く、魚の反転でキラッとする

③ラインが一瞬止まる、引かれるなどのイトフケが出る

①は誰でもわかる。②は慣れればわかる。問題は③である。ラインがフケるのは魚が食っているアタリである。ラインがフケたときハリスはまだたるんでいるので、魚は毛バリを離していない。ここを見逃すと手にゴツッときたり（アワセ遅れ）、アタリがなかったと思ってしまう。

　このようなイトフケに出るアタリが確実に取れると、水面に出る魚が少ないだけに釣果はグンと伸びる。しかし、慣れないとこれがわからない。それはアタリがわかるようにラインを流していないからである。イトフケは微秒な動きである。このため、サオによってライン自体がゆらゆらと上下していては微妙なアタリは取れない。よりアタリを鮮明にとるためにはラインを垂直に流す（写真左）。

　写真のようにラインの真上にサオ先があるようにするとよい。サオを揺らさないようにすればラインは揺れない。これで微妙なアタリがよりわかるようになる。はじめはどれがアタリなのかわからないだろうから、「おや？」と思ったら合わせてみれば次第にアタリがわかるようになる。

　このテクニックを教えると、水面にバシャと出るほうが面白いとか、エサ釣りのようだともいわれる。たしかに水面を割って出た瞬間を掛けるのはテンカラの醍醐味である。しかし、オモリも使わず目印もなしで水中の微妙なアタリをとったときの「してやったり感」はそれにも増して面白い。水面にバシャと出るアタリも取れるし、水中のモコッとした動きでも、イトフケでもアタリをとれる。

　もちろん、イトフケでアタリをとるとはいってもアタリは微妙なので、すべてにドンピシャと合わせることはできない。アタリがわからずピックアップしたら掛かって

いた、ということもある。経験を積んだ私でも1割程度はこれである。偶然なのでアワセの面白味に欠けるのはやむを得ないが、それもテンカラのうちと思えばいい。

テンポを変えて間合いをとる

初心者の場合、出る、出ないの見切りが悪い。そこはもう出ないのに何度も毛バリを打ち、しかも打つテンポが同じなのだ。魚からすれば一定のテンポでエサ(毛バリ)が流れてくるのは不自然である。だから、ここでは出ると思っても、2~3回打って出なければそこは打つのを止める。その間、別の場所を打つことによって間合いを外すのである。

しばらく間合いを置いた後にまた打ってみよう。先に打った毛バリが誘いになっている場合がある。魚にしてみれば今度こそと食い気が出ている頃に毛バリを打つのである。テンポを変え、別の場所に打つことで魚の食い気を出す間合いが必要である。

魚がUターンしたり、毛バリに出損なったとき

毛バリを追尾してきた魚がゆっくりUターンしたり、スッと水面に浮いた魚が毛バリを見切ることがある。これは毛バリの流れ方に問題があるのではなく、魚が食っているエサと毛バリサイズが違ったためである。

この場合、魚はもう一度出る。ただし小さいサイズの毛バリに交換する。一度毛バリを見切られているので、同じ毛バリを何度も流してもくわないし、かえって不自然な流れ方やテンポで警戒される。毛バリを追尾したり、水面で見切ったり、ゆらゆら戻るのは流れ方が不自然ではなかった証拠である。毛バリを替え、少し間をおいてから同じ場所に同じように流す。毛バリサイズが合えば必ずくわえる。

もし小さい毛バリがない場合には「ハックルをハサミで刈り込む」のもいい。また、合わせたにもかかわらず、なにごともなかったかのようにゆらゆら戻っていくのもいる。これは警戒していないのでチャンスがある。

ところがバシャッとあわてて出てきたような魚がいる。これは魚からみると毛バリの流れ方がどこか不自然だったからだ。魚の直前で毛バリがそれた、急に止まった、などであろう。この場合、魚が驚いたように猛スピードで逃げ帰るような次はまず出ない。また、合わせて魚に触れた感触があれば次は100%出ないので、この2つのパターンでは再度出そうとしても無駄である。

なぜ毛バリが不自然に流れたのかを考えてみよう。そのほとんどは立ち位置が悪かったことに原因がある。自然に流れるにはどこからキャスティングしたらいいか、ほんの少し立ち位置を変えるだけでまったく違う流れ方になる。少しの手間をおしまないことである。

大ものがいたら

渓流域の超大もの、これをアマゴ、ヤマ

メで40㎝以上、イワナで50㎝以上とすればテンカラで釣るのは限界がある。堰堤下のプールや大淵にはこのサイズは珍しくない。しかしこのサイズの活動は夜間である。夕マヅメの後、真っ暗になってから夜明けまで活動する夜行性である。しかし渓流釣りは夜明けから日没までが原則であり、夜釣りは禁止である。

本流域のこのサイズは底深くに定位して水面のエサを捕ることはほとんどないため、テンカラでねらうのは難しい。

一方、渓流域のアマゴ、ヤマメやイワナの尺クラスはねらって釣れるサイズである。以下はその対処法だ。

①尺ものをみつけてもすぐにサオを振らない　まず魚の行動を観察する。大ものは1等地に縄張りをもっていて、縄張りを巡回する行動をとるのでその行動を観察する。エサを捕る場所、タイミングはほぼ決まっている。そこ以外では捕らないことが多い。

②アプローチに細心の注意を　自然や釣り人の脅威を生き抜いてきただけに非常に敏感である。アプローチに注意しよう。

③毛バリは静かに落とす　毛バリやラインで水面をピシャと叩かない。毛バリを見切るので斜め後ろに落とし、振り向きざまに反射食いをさせる。誘いには警戒するのでまず出ない。

④何回も打たない　毛バリに反応しなければすぐに毛バリを引き上げ、連続して打たない。間合いを空ける。

⑤毛バリは小さなほうがいい　標準的な毛バリで出なければ毛バリを小さくする。

⑥アワセは超ゆっくり　大ものほどゆっくり食う。「よし食った!」から魚が沈むのを待って合わせるくらいでちょうどいい。大ものの口は硬い。早アワセでは掛かりが浅いからだ。

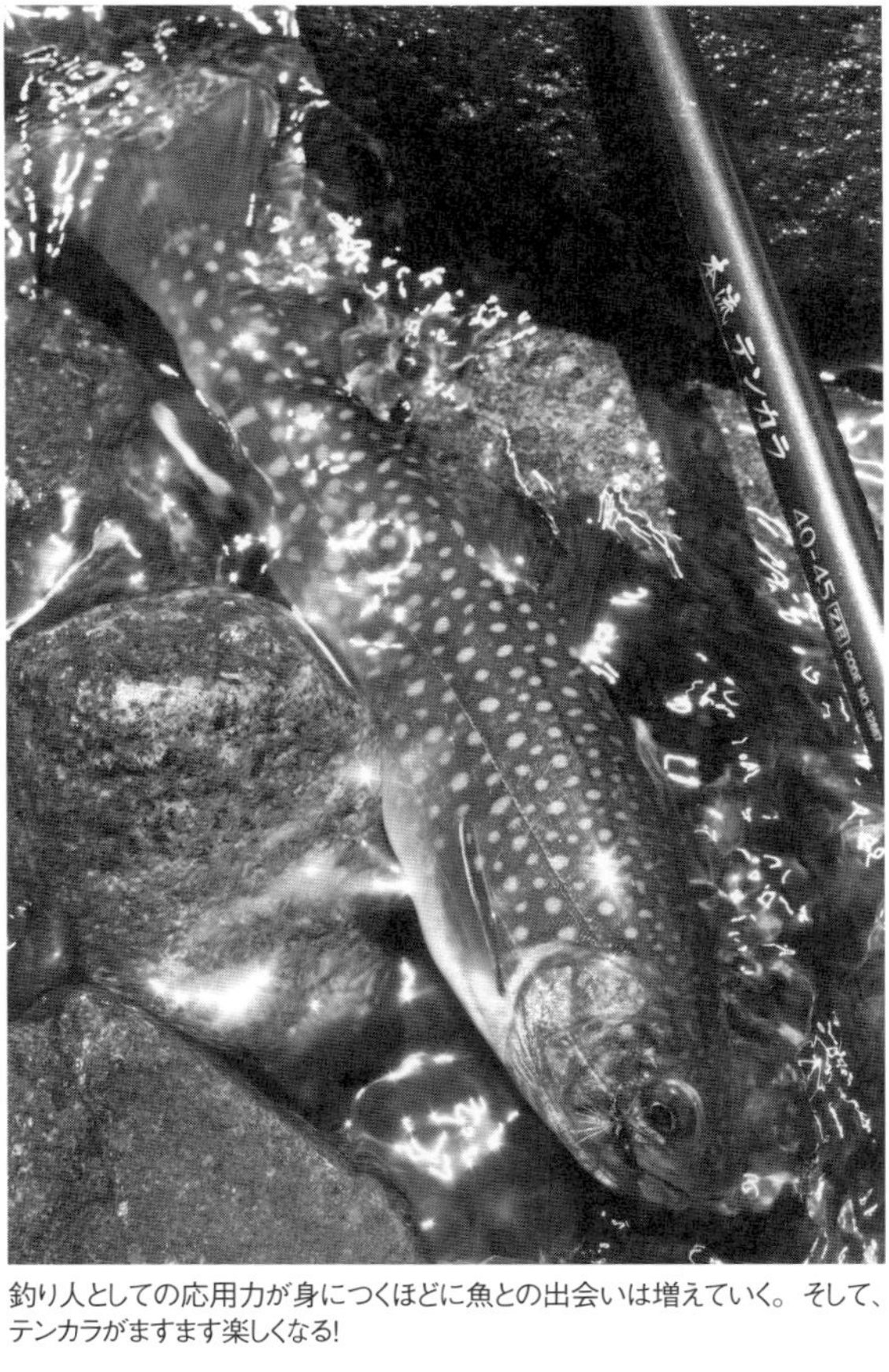

釣り人としての応用力が身につくほどに魚との出会いは増えていく。そして、テンカラがますます楽しくなる!

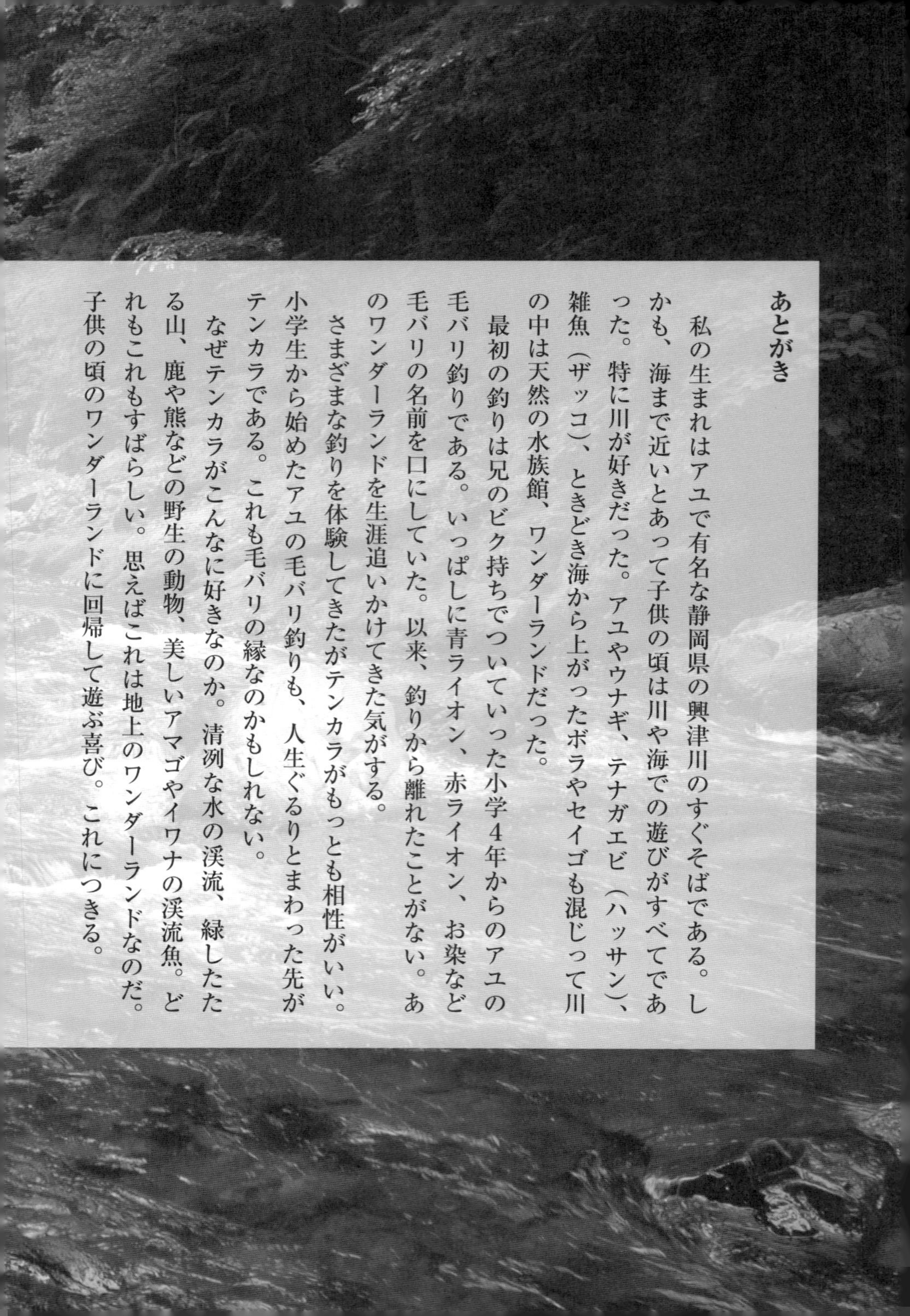

あとがき

私の生まれはアユで有名な静岡県の興津川のすぐそばである。しかも、海まで近いとあって子供の頃は川や海での遊びがすべてであった。特に川が好きだった。アユやウナギ、テナガエビ（ハッサン）、雑魚（ザッコ）、ときどき海から上がったボラやセイゴも混じって川の中は天然の水族館、ワンダーランドだった。

最初の釣りは兄のビク持ちでついていった小学4年からのアユの毛バリ釣りである。いっぱしに青ライオン、赤ライオン、お染など毛バリの名前を口にしていた。以来、釣りから離れたことがない。あのワンダーランドを生涯追いかけてきた気がする。

さまざまな釣りを体験してきたがテンカラがもっとも相性がいい。小学生から始めたアユの毛バリ釣りも、人生ぐるりとまわった先がテンカラである。これも毛バリの縁なのかもしれない。

なぜテンカラがこんなに好きなのか。清冽な水の渓流、緑したたる山、鹿や熊などの野生の動物、美しいアマゴやイワナの渓流魚。どれもこれもすばらしい。思えばこれは地上のワンダーランドなのだ。子供の頃のワンダーランドに回帰して遊ぶ喜び。これにつきる。

テンカラはサオ、ライン、毛バリの三物で足りる釣りである。これだけそぎ落とした釣りはほかにないだろう。釣り人と魚の間に介在するものがないほど釣りは面白い。テンカラは道具が釣らせるのではない。そこが好きなのだ。

身についたものが財産。間違っても光り物などの身につけたものではない。金を出して買えるものに価値はない。これは私の哲学であり生きる指針でもある。道具自慢は鼻もちならない。道具をとことんそぎ落としたテンカラこそ、私の哲学にぴったり合った釣りである。お金では買えないものに価値がある。それは信頼であり、釣り仲間である。

テンカラはすべて自分の腕と経験であり、ビギナーズラックがない釣りである。それゆえ難しい釣りといわれるが何にでも壁はある。その壁を越えれば、その先にはこんなに楽しい釣りがあったのかという、道具に依存しない釣りの奥深さや楽しさが広がっている。この著書が読者の人生の楽しみを広げる一助になることを願っている。

平成23年の大寒に

■著者プロフィール
石垣尚男（いしがき　ひさお）

静岡県静岡市（旧・清水市）生まれ。愛知県豊田市在住。テンカラ歴35年。小学生からアユのドブ釣り（毛バリ釣り）、中学からはキスの投げ釣りを始める。その後、海、川、湖でいろいろな釣りに熱中する。アユの友釣り、伊勢湾の大もの釣りにも熱を上げたが、現在はテンカラ一筋。年間50日のテンカラが目標。テンカラを普及し、渓流釣りの半分をテンカラにするのが夢である。海外でのテンカラ経験も豊富。現在はアメリカでテンカラの普及に力を入れている。職業柄、テンカラを科学的なスタンスで分析し、わかりやすく提示し続けている。シマノインストラクター、愛知工業大学教授、医学博士。Webではテンカラ大王。HPは
http://www.aitech.ac.jp/~ishigaki/
『科学する毛バリ釣り』（廣済堂）ほか著書多数。『テンカラ大王とアマゴンスキーの実釣!レベルラインテンカラ』（つり人社）ほか、DVDも多数出演・解説を務める。

超明快《ちょうめいかい》　レベルラインテンカラ

2011年３月１日初版発行
2021年３月１日第５刷発行

著　者　石垣尚男
発行者　山根和明
発行所　株式会社つり人社

〒101-8408　東京都千代田区神田神保町１-30-13
TEL 03-3294-0781（営業部）
TEL 03-3294-0766（編集部）
印刷・製本　図書印刷株式会社

乱丁、落丁などありましたらお取り替えいたします。

ISBN978-4-88536-148-7 C2075
つり人社ホームページ　https://tsuribito.co.jp/
つり人オンライン　https://web.tsuribito.co.jp/
釣り人道具店　http://tsuribito-dougu.com/
つり人チャンネル（YouTube）
https://www.youtube.com/channel/UCOsyeHNb_Y2VOHqEiV-6dGQ